Kleine Bibliothek der Weltweisheit
30

Blaise Pascal

Die Vernunft des Herzens

Die Wahrheit erfassen wir nicht nur mit dem Verstand, sondern auch mit dem Herzen. Intuitiv wissen wir, was die entscheidenden Dinge in unserem Leben sind. Blaise Pascal hat der Logik des Herzens zu ihrem Recht verholfen und dennoch die Logik der Vernunft weiterentwickelt. In paradoxen, widersprüchlichen Denkformen erkannte er die adäquate Annäherung an die Wirklichkeit des Menschen.

Blaise Pascal (1623–1662) war einer der berühmtesten Mathematiker und Physiker seiner Zeit und zugleich einer der einflußreichsten französischen Philosophen.

Blaise Pascal

Die Vernunft des Herzens

Mit einem Nachwort
von Fritz Paepcke

dtv
C.H.Beck

Auswahl und Übersetzung von Fritz Paepcke

Die Ausgabe geht zurück auf Fassungen
1959/1980/1982/1985 im Verlag Langewiesche-Brandt,
Ebenhausen

Dezember 2010
Deutscher Taschenbuch Verlag GmbH & Co.KG, München

Satz: Fotosatz Reinhard Amann, Aichstetten
Druck und Bindung: Druckerei C.H. Beck, Nördlingen
Umschlagentwurf: Geviert — Büro für Kommunikationsdesign,
München, nach dem Konzept von David Pearson, London
Printed in Germany

ISBN 978 3 423 34644 3

www.dtv.de

Blaise Pascal: Gedanken

1 *Unterschied zwischen mathematischem Denken und intuitivem Erkennen.* – Die Prinzipien des einen sind handgreiflich, aber nicht allgemein anwendbar; so hat man Mühe, sich ihnen zuzuwenden, zumal einem die Gewohnheit fehlt: aber sobald man sich ihnen nur zuwendet, sieht man die Prinzipien ganz klar; und man müßte einen völlig verwirrten Verstand haben, wollte man über Prinzipien, die so faßbar sind, daß sie einem fast unmöglich entgehen können, zu falschen Ergebnissen kommen.

Dagegen sind die Prinzipien des intuitiven Erkennens allgemein anwendbar und jedem gegenwärtig. Man braucht sich ihnen nur zuzuwenden, ohne sich Gewalt anzutun; es kommt nur darauf an, einen scharfen Blick zu haben, aber scharf muß er sein; denn die Prinzipien sind so subtil und so zahlreich, daß einem fast zwangsläufig manche entgehen müssen. Läßt man nun eines der Prinzipien fort, so führt diese Auslassung zum Irrtum; darum muß man einen ganz klaren Blick haben, um alle Prinzipien zu sehen, und dann den rechten Verstand, um nicht bei bekannten Prinzipien zu falschen Ergebnissen zu kommen.

Alle Mathematiker wären nun von Intuition geleitete Menschen, wenn sie einen scharfen Blick

[1/2] hätten; denn sie kommen über die ihnen bekannten Prinzipien nicht zu falschen Ergebnissen; und die von Intuition geleiteten Menschen wären Mathematiker, wenn sie ihr Auge an die ungewohnten Prinzipien der Mathematik gewöhnen könnten.

Manche von Intuition geleiteten Menschen sind also deswegen keine Mathematiker, weil sie überhaupt nicht fähig sind, sich den Prinzipien der Mathematik zuzuwenden; manche Mathematiker sind aber deswegen keine von Intuition geleiteten Menschen, weil sie nicht sehen, was vor ihnen liegt, und weil sie an die klaren und groben Prinzipien der Mathematik gewöhnt sind und üblicherweise nur Schlüsse ziehen, nachdem sie ihre Prinzipien deutlich erkannt und angewandt haben; so verirren sie sich in dem Bereich des intuitiven Erkennens, wo sich die Prinzipien nicht so anwenden lassen. Man sieht sie kaum, man spürt sie mehr, als daß man sie sieht; man hat unendliche Mühe, sie denen nahezubringen, die sie nicht von sich aus spüren; es sind derart feine und vielfältige Dinge, daß man ein sehr empfindliches und sehr feines Sensorium braucht, um sie zu empfinden und um richtig und genau nach diesem Empfinden zu urteilen, ohne daß man sie in der Mehrzahl wie in der Mathematik logisch beweisen könnte, weil man hier die Prinzipien nicht so besitzt und das auch ein Unterfangen

[1/3] ohne Ende wäre. Man muß sofort mit einem Blick das Ganze übersehen, wenigstens bis zu einem gewissen Grad, und nicht etwa im Fortgang einer logischen Beweisführung. So sind Mathematiker selten von Intuition geleitete Menschen, und diese wiederum sind selten Mathematiker, weil Mathematiker Fragen im Bereich des intuitiven Erkennens mathematisch behandeln wollen und sich lächerlich machen, wenn sie mit Definitionen und dann mit Prinzipien beginnen wollten, wie bei solchen Überlegungen eben nicht vorzugehen ist. Gewiß arbeitet auch hier der Geist; aber er tut es stillschweigend, natürlich und ohne methodische Regel, denn der Ausdruck hierfür übersteigt alle Menschen, und das Gespür dafür haben nur wenige.

Wenn man andererseits den von Intuition und gewohnheitsmäßig augenblicklichen Urteilen geleiteten Menschen Lehrsätze vorführt, von denen sie nichts verstehen und zu denen sie nur durch Definitionen und Prinzipien Zugang finden, die so trocken sind, wie sie ungeübt sind, analytisch vorzugehen, dann sind sie so erstaunt, daß sie von ihnen abgestoßen und angewidert werden.

Aber Menschen mit unklarem Verstand sind weder von Intuition geleitete Menschen noch Mathematiker.

Die Mathematiker, die nur Mathematiker sind, haben demnach einen klaren Verstand, vorausge-

[1/4] setzt, daß man ihnen alles mit Definitionen und Prinzipien erklärt; sonst sind sie verworren und unerträglich, denn sie sind nur klar bei eindeutig geklärten Prinzipien.

Und die ausschließlich von Intuition geleiteten Menschen können nicht die Geduld aufbringen, bis zu den ersten Prinzipien des rein Begrifflichen und Abstrakten vorzudringen, das sie in der Welt niemals erfahren haben und das dort alles andere als üblich ist.

4 *Mathematik, intuitives Erkennen.* – Echte Beredsamkeit macht sich über die Lehre von der Beredsamkeit lustig, echte Sittlichkeit spottet über die Morallehre, das heißt, das gewissenhafte Urteil macht sich über die Gewissenhaftigkeit der Vernunft lustig – denn es kennt keine Regeln.

Denn das Urteil ist der Intuition zugeordnet, wie die Wissenschaften zur Vernunft gehören. Intuitives Erkennen hat Anteil am Urteil, Mathematik aber ist Sache der Vernunft.

Sich über die Philosophie lustig machen, das ist echtes Philosophieren.

35 Man sollte weder sagen können: er ist Mathematiker, noch Prediger, noch Redner, sondern er ist ein Künstler und Edelmann des Lebens. Diese umfassende Eigenschaft allein gefällt mir. Wenn man einem Menschen begegnet und sich an sein Buch

[35/2] erinnert, so ist das ein schlechtes Zeichen; ich möchte, daß man keine andere Eigenschaft bemerkt als jene, die Begegnung und Umstände gerade erfordern. *Alles mit Maßen* – damit nur nicht eine Eigenschaft den Ausschlag gibt und den Menschen abstempelt. Man darf nur daran denken, daß einer gut spricht, wenn es darum geht, gut zu sprechen; aber dann soll man auch wirklich daran denken.

36 Der Mensch hat vielerlei Bedürfnisse: er schätzt nur jene Menschen, die sie alle erfüllen können. Das ist ein guter Mathematiker, wird man von einem sagen. – Wenn ich aber nur Mathematik triebe, würde er mich für einen Lehrsatz halten. – Das ist ein guter Soldat. – Er würde mich für eine belagerte Festung halten. Ich brauche also einen Künstler und Edelmann des Lebens, der sich ganz allgemein allen meinen Bedürfnissen anzupassen vermag.

72 *Die Ungereimtheit des Menschen.* – (...) Der Mensch betrachte also die ganze Natur in ihrer hohen und vollen Majestät; er wende seinen Blick von den niedrigen Dingen ab, die ihn umgeben. Er schaue dieses strahlende Licht an, das wie eine ewige Lampe aufgehängt ist, um das Weltall zu erleuchten; die Erde erscheine ihm wie ein Punkt im Vergleich mit der weiten Bahn, die dieses Gestirn beschreibt, und er staune darüber, daß diese weite

[72/2] Bahn selbst nur ein sehr feiner Punkt ist im Vergleich mit der Bahn, die die Gestirne umschreiben, die am Firmament kreisen. Wenn aber unser Auge hier innehält, soll die Phantasie weiterdringen; eher wird sie im Wahrnehmen ermüden als die Natur im Zeigen. Diese ganze sichtbare Welt ist nur ein unmerklicher Strich im weiten Schoß der Natur. Kein Gedanke reicht an sie heran. Vergeblich blasen wir unsere Vorstellungen über die vorstellbaren Räume hinaus auf. Im Vergleich mit der Wirklichkeit der Dinge bringen wir nur Atome hervor. Das Weltall ist eine Kugel, deren Mittelpunkt überall und deren Oberfläche nirgends ist. Schließlich ist es der größte erfahrbare Ausdruck der göttlichen Allmacht, daß unsere Phantasie sich in diesem Gedanken verlieren kann.

Der Mensch, zu sich zurückgekehrt, bedenke, was er ist im Vergleich mit dem, was sonst noch ist; er betrachte sich wie einen Verirrten in dieser entlegenen Ecke der Natur; und von diesem kleinen Kerker aus, in dem er zu Hause ist – ich meine das Weltall –, lerne er, die Erde, die Reiche, die Städte und sich selbst richtig einzuschätzen.

Was ist ein Mensch im Unendlichen?

Aber um ihm ein anderes, ebenso erstaunliches Wunder vorzuführen, soll er in dem ihm bekannten Bereich die winzigsten Dinge untersuchen. In der Winzigkeit ihres Körpers kann ihm die Milbe noch unvergleichlich kleinere Teile vorweisen:

[72/3] Gliedmaßen mit Gelenken, Adern in den Gliedmaßen, Blut in den Adern, Säfte im Blut, Tropfen in den Säften, Gase in den Tropfen; wenn er diese letzten Dinge noch weiter teilt, erschöpfe er seine geistigen Kräfte in diesen Vorstellungen, und vom letzten Gegenstand, an den er so gelangen kann, soll jetzt die Rede sein; er mag vielleicht meinen, daß hier das äußerste Kleine in der Natur sei. Ich will ihm darin einen neuen Abgrund zeigen. Ich will ihm nicht nur das sichtbare Weltall ausmalen, sondern die Unermeßlichkeit der Natur, die man im Innern dieses Bruchteils von einem Atom begreifen kann. Er möge in diesem Atom eine Unendlichkeit von Welten sehen, von denen jede ihr Firmament, ihre Planeten, ihre Erde hat und alles im gleichen Verhältnis wie die sichtbare Welt; auf dieser Erde Lebewesen und schließlich Milben, bei denen er das wiederfinden wird, was die ersten Milben ihm schon gezeigt haben; und wenn er bei den anderen Milben endlos und pausenlos das gleiche findet, dann möge er sich in diese Wunder versenken, die in ihrer Kleinheit ebenso erstaunlich sind wie jene anderen durch ihre Weite; denn wer wird nicht darüber staunen, daß unser Leib, der eben noch im All nicht wahrnehmbar war, das wiederum im Schoße des Ganzen unwahrnehmbar war, jetzt ein Koloß ist, eine Welt oder vielmehr ein Ganzes, verglichen mit dem Nichts, zu dem man nicht gelangen kann?

[72/4] Wer sich so betrachtet, wird vor sich selbst erschaudern, und wenn er sich betrachtet, wie er in der Masse, die ihm die Natur gegeben hat, zwischen diesen beiden Abgründen des Unendlichen und des Nichts hängt, wird er beim Anblick dieser Wunder erzittern; und ich meine, wenn seine Neugierde in Bewunderung umschlägt, wird er eher geneigt sein, sie schweigend zu betrachten, als sie anmaßend zu erforschen.

Denn was ist schließlich der Mensch in der Natur? Ein Nichts vor dem Unendlichen, ein Alles vor dem Nichts, eine Mitte zwischen Nichts und Allem. Unendlich weit entfernt davon, die Extreme zu begreifen, sind ihm das Ende der Dinge und ihr Ursprung unüberwindlich verborgen in einem undurchdringlichen Geheimnis; er ist gleichermaßen unfähig, das Nichts zu fassen, aus dem er hervorgezogen wurde, wie das Unendliche, in das er verschlungen ist.

Was bleibt ihm also übrig, als einen Schein von der Mitte der Dinge zu erfassen, in einer ewigen Verzweiflung, weder ihren Ursprung noch ihr Ende zu erkennen? Alle Dinge sind dem Nichts entwachsen und ragen ins Unendliche hinein. Wer kann diesen erstaunlichen Schritten folgen? Der Schöpfer dieser Wunder begreift sie. Kein anderer vermag es.

Weil die Menschen es unterlassen haben, über diese Unendlichkeiten nachzudenken, machten

[72/5] sie sich vermessen an die Erforschung der Natur, als ob sie irgendein gleiches Maß mit ihr hätten. Es ist etwas Seltsames, daß sie den Ursprung der Dinge haben verstehen und von dort alles erkennen wollen, in einer Vermessenheit, die ebenso unendlich ist wie ihr Gegenstand. Denn es besteht kein Zweifel, daß man diesen Plan nicht fassen kann ohne eine Vermessenheit oder eine Fähigkeit, die so unendlich ist wie die Natur.

(...)

Machen wir uns also unsere Bedeutung klar; wir sind etwas und sind nicht alles; was wir an Sein haben, raubt uns die Erkenntnis der ersten Prinzipien, die aus dem Nichts entstehen; und der geringe Anteil, den wir am Sein haben, verdeckt uns den Anblick des Unendlichen.

Unsere Einsicht steht in der Ordnung der erkennbaren Dinge auf derselben Stufe wie unser Leib in der Weite der Natur.

(...)

Das ist unser wahrer Stand im Sein; das macht uns unfähig, mit Gewißheit zu erkennen, aber auch völlig unwissend zu sein. Wir treiben auf einer unendlichen Mitte dahin, immer ungewiß und schwankend, von einem Ende zum anderen getrieben. Wo immer wir an einem Zielpunkt uns zu binden und festen Halt zu gewinnen vermeinten, schwankt er und entschwindet uns; und wenn wir ihm folgen, entzieht er sich unserem Zugriff,

[72/6] entgleitet uns und entflieht in einer Flucht ohne Ende. Nichts bleibt für uns stehen. Das ist der Zustand, der uns natürlich ist und dennoch zu unserer Neigung im äußersten Widerspruch steht; wir brennen vor Verlangen, einen festen Stand zu finden und ein letztes, bleibendes Fundament, um darauf einen Turm zu bauen, der ins Unendliche ragen soll; aber unser ganzes Fundament kracht zusammen, und die Erde tut sich bis zu den Abgründen auf.

Suchen wir also keinerlei Sicherheit und Festigkeit. Unsere Vernunft wird immer durch das Unbeständige der Erscheinungen getäuscht; nichts kann das Endliche zwischen den beiden Unendlichen festlegen, die es einschließen und vor ihm fliehen.

(...)

Der Mensch beispielsweise steht in Beziehung zu allem, was er erkennt. Er braucht Raum, der ihn aufnimmt, Zeit, um zu dauern, Bewegung, um zu leben, Elemente, die ihn zusammensetzen, Wärme und Nahrung, um sich zu ernähren, Luft, um zu atmen; er sieht das Licht, er fühlt die Körper; mit einem Wort, alles steht mit ihm im Bunde. Um den Menschen zu erkennen, muß man also wissen, woher es kommt, daß er Luft zum Existieren braucht; und um die Luft zu erkennen, wissen, wodurch sie diese Beziehung zum Leben des Menschen hat. Die Flamme brennt nicht ohne Luft; also muß

[72/7] man zur Erkenntnis des einen auch das andere erkennen. Da nun alle Dinge verursacht und verursachend sind, Hilfe erhaltend und selbst helfend, mittelbar und unmittelbar, und da alle durch ein natürliches und unmerkliches Band, das die entferntesten und verschiedensten Dinge verknüpft, miteinander zusammenhängen, halte ich es für unmöglich, die Teile zu erkennen, ohne das Ganze zu erkennen, und ebensowenig das Ganze zu erkennen, ohne im einzelnen die Teile zu erkennen.

(...)

Und wenn wir so schlechthin stofflich sind, können wir überhaupt nichts erkennen; und wenn wir aus Geist und Materie zusammengesetzt sind, können wir die einfachen Dinge nicht vollkommen erkennen, und zwar weder die geistigen noch die körperlichen.

(...)

Anstatt die Ideen von diesen Dingen rein zu empfangen, färben wir sie mit unseren Eigenschaften und prägen allen einfachen Dingen, die wir betrachten, unsere zusammengesetzte Wesenheit auf.

Wer möchte nicht meinen, wenn er sieht, wie wir alle Dinge aus Geist und Körper zusammensetzen, daß diese Mischung für uns sehr verständlich ist? Und dennoch begreift man gerade das am wenigsten. Der Mensch ist sich selbst der erstaunlichste Gegenstand der Natur; denn er kann nicht

[72/8] begreifen, was Körper, und noch weniger, was Geist ist, und am allerwenigsten, wie ein Körper mit einem Geist verbunden sein kann. Das ist der Gipfel seiner Schwierigkeiten, und doch ist gerade das sein eigenes Wesen: *Die Weise, wie der Geist mit dem Körper verbunden ist, kann vom Menschen nicht verstanden werden, und dennoch ist gerade das der Mensch.*

83 Der Mensch ist nichts als ein Wesen voller Irrtum, welcher zur Natur des Menschen gehört und ohne die Gnade unaustilgbar ist. Nichts zeigt ihm die Wahrheit. Alles täuscht ihn; jedem dieser beiden Mittel der Erkenntnis, der Vernunft und den Sinnen, fehlt nicht nur die Aufrichtigkeit, sondern sie betrügen einander auch noch gegenseitig. Die Sinne täuschen die Vernunft durch falschen Schein; und den gleichen Betrug, den sie der Vernunft antun, müssen sie sich ihrerseits von ihr gefallen lassen; sie rächt sich an ihnen. Die Leidenschaften der Seele trüben die Sinne und vermitteln ihnen falsche Eindrücke. Sie lügen und betrügen sich um die Wette.

100 *Selbstbezogenheit.* – Es ist die Natur der Selbstbezogenheit und dieses menschlichen Ich, nur sich selbst zu lieben und nur sich selbst zu betrachten. Aber was soll der Mensch tun? Er kann nicht verhindern, daß dieser Gegenstand, den er liebt, voller Fehler

[100/2] und Erbärmlichkeiten ist: er möchte gerne groß sein und findet sich klein; er möchte gerne glücklich sein und findet sich unglücklich; er möchte vollkommen sein und entdeckt an sich zahllose Unvollkommenheiten; er möchte der Gegenstand der Liebe und der Achtung der Menschen sein, und er sieht, daß seine Fehler nur ihre Abneigung und ihre Verachtung verdienen. Diese Verlegenheit, in der er sich befindet, läßt in ihm die ungerechteste und verbrecherischste Leidenschaft entstehen, die man sich nur denken kann; denn er faßt einen tödlichen Haß gegen diese Wahrheit, die ihn rügt und ihn seiner Fehler überführt. Er möchte sie zunichte machen, und da er sie nicht in ihr selbst zerstören kann, zerstört er sie, soweit er kann, in seinem Bewußtsein und in dem Bewußtsein der anderen; das heißt, er wendet seine ganze Mühe auf, seine Fehler vor den anderen und vor sich selbst zu verdecken, und er kann es nicht ertragen, daß man sie ihm vorweist oder daß man sie bemerkt.

Es ist zweifellos ein Übel, voller Fehler zu sein; aber es ist ein noch größeres Übel, es zu sein und sie dabei nicht wahrhaben zu wollen, da man sie ja noch durch den Fehler einer selbstgewollten Illusion vergrößert. Wir wollen nicht, daß die anderen uns betrügen; wir finden es nicht recht, daß sie von uns höher geachtet werden wollen, als sie es verdienen; es ist darum auch nicht recht, daß wir sie

[100/3] betrügen und daß wir wollen, sie sollen uns höher achten, als wir es verdienen.

(...) So ist das Leben des Menschen nur ein Trug ohne Ende; man tut nichts anderes, als sich gegenseitig zu betrügen und sich gegenseitig zu schmeicheln. Niemand spricht in unserer Gegenwart so von uns, wie er es tut, wenn wir nicht da sind. Die Gemeinschaft zwischen den Menschen ist nur auf diesen gegenseitigen Betrug gegründet; und wenige Freundschaften hätten Bestand, wenn jeder wüßte, was sein Freund von ihm sagt, wenn er nicht dabei ist, auch wenn er dann aufrichtig und leidenschaftslos von ihm spricht.

Der Mensch ist also nur Verstellung, nur Lüge und Heuchelei, sowohl in seinem Innern wie vor den anderen. Er will nicht, daß man ihm die Wahrheit sagt, er vermeidet es, sie den anderen zu sagen; und alle diese Neigungen, die von der Gerechtigkeit und der Vernunft so weit entfernt sind, haben ihre natürliche Wurzel in seinem Herzen.

119 Die Natur ahmt sich selbst nach: ein Samenkorn, das in gutes Erdreich gesät wird, bringt Frucht; ein Grundsatz, der in einen rechten Geist gesenkt wird, bringt Frucht; die Zahlen ahmen den Raum nach, von dem sie an sich so verschieden sind.

Alles wird von einem gleichen Meister geschaffen und geleitet: die Wurzel, die Zweige, die Früchte; die Grundsätze und die Folgerungen.

127 Der Mensch, so wie er ist: Unbeständigkeit, Langeweile, Unruhe.

131 *Langeweile.* – Nichts ist für den Menschen so unerträglich, wie in vollkommener Ruhe zu sein, ohne Leidenschaften, ohne Beschäftigung, ohne Ablenkung, ohne Aufgabe. Dann spürt er sein Nichts, seine Verlassenheit, seine Unzulänglichkeit, seine Abhängigkeit, seine Ohnmacht, seine Leere. Unverzüglich wird aus dem Grunde seiner Seele Langeweile aufsteigen, Niedergeschlagenheit, Traurigkeit, Kummer, Verdruß und Verzweiflung.

135 Nur der Kampf macht uns Vergnügen, nicht aber der Sieg: man sieht sich gern die Kämpfe der Tiere an, nicht aber den Sieger, der sich auf den Besiegten stürzt; wollte man anderes sehen als das Ende des Sieges? Und sobald es da ist, ist man seiner überdrüssig. Ebenso ist es im Spiel. Ebenso auf der Suche nach Wahrheit: bei den Auseinandersetzungen liebt man den Kampf der Meinungen, keineswegs jedoch, sich in die gefundene Wahrheit zu versenken; um zu erreichen, daß sie mit Freude beachtet wird, muß man zeigen, wie sie aus der Auseinandersetzung hervorgeht. Mit den Leidenschaften ist es nicht anders; es bereitet Vergnügen zu sehen, wie zwei entgegengesetzte Leidenschaften aneinandergeraten. Wenn aber eine von beiden über die andere herrscht, dann ist das nur noch

[135/2] rohe Gewalt. Wir trachten niemals nach den Dingen, sondern bemühen uns um die Suche nach ihnen. In gleicher Weise sind bei den Schauspielen die ruhigen Szenen ohne Furcht nichts wert, auch nicht die Darstellung der hoffnungslosen Situation des Elends, noch die brutale Liebe, noch die unerbittliche Strenge.

139 *Ablenkung.* – Wenn ich mich manchmal damit beschäftigt habe, die mannigfache Unruhe der Menschen zu betrachten, die Gefahren und die Mühsal, denen sie sich bei Hofe und im Kriege aussetzen, aus denen so viele Streitigkeiten, Leidenschaften, kühne und oft auch bösartige Unternehmungen und manches andere entstehen, so habe ich die Entdeckung gemacht, daß das ganze Unglück der Menschen aus einer einzigen Wurzel stammt: sie können nicht ruhig in einem Zimmer bleiben. Niemand, der genug zum Leben hat, würde sich aufmachen, um auf See zu fahren oder eine Festung zu belagern, wenn er es verstünde, gern zu Hause zu bleiben. Man wird einen Rang im Heer nur teuer bezahlen, weil man es unerträglich findet, nicht aus der Stadt herauszukommen; und Unterhaltungen und Ablenkungen durch Spiele sucht man nur, weil man nicht freudig zu Hause bleiben kann.

(…)

Deshalb sind Spiel und Unterhaltung mit

[139/2] Frauen, Krieg und hohe Ämter so begehrt. Nicht etwa deshalb, weil hier wirklich das Glück liegt oder weil man sich einbildet, die wahre Glückseligkeit bestehe darin, Geld zu haben, das man im Spiel gewinnen kann, oder bei einer Hasenjagd: man würde dies alles nicht haben wollen, wenn man es als Geschenk bekäme. Nicht nach dem bequemen und geruhsamen Umgang mit den Dingen, der uns nur an unser unglückliches Menschsein denken läßt, trachten wir, auch nicht nach den Gefahren im Kriege oder nach der Mühsal der Ämter, sondern nach dem ganzen Umtrieb, der uns hindert, an unsere Lage zu denken, und uns ablenkt.

Hier liegt der Grund dafür, daß man die Jagd dem Fang vorzieht.

So kommt es, daß die Menschen den Lärm und das Getriebe so schätzen; so kommt es, daß das Gefängnis eine so schreckliche Strafe ist; so kommt es, daß die Freude an der Einsamkeit etwas Unbegreifliches ist. So besteht schließlich das größte Glück der Stellung der Könige darin, daß man unaufhörlich bemüht ist, sie abzulenken und ihnen jede Art von Vergnügen zu verschaffen.

(...)

Die Menschen haben einen verborgenen Stachel, der sie dazu treibt, nach Ablenkung und Beschäftigung außen zu suchen; dieser Stachel kommt aus dem schmerzlichen Gefühl ihres un-

[139/3] aufhörlichen Elends; sie haben noch einen anderen geheimen Stachel, der von der Größe unserer ursprünglichen Natur verblieben ist; er läßt sie erkennen, daß das Glück wirklich nur in der Ruhe liegt und keineswegs im Lärm; und aus diesen beiden entgegengesetzten Regungen bildet sich bei ihnen ein unklares Vorhaben, das im Grunde ihrer Seele sich ihrem eigenen Auge entzieht; es treibt sie, über den Weg der Unruhe nach Ruhe zu streben und sich immer einzubilden, die fehlende Befriedigung werde sich einstellen, wenn sie sich nach Überwindung mancher Schwierigkeiten, die sie vor sich sehen, dadurch das Tor zur Ruhe aufstoßen können.

So verrinnt das ganze Leben. Man strebt nach Ruhe, indem man manche Widerstände bekämpft; und wenn man sie überwunden hat, wird die Ruhe unerträglich; denn man denkt entweder an die Nöte, die man hat, oder an die drohende Not. Und selbst wenn man sich nach allen Seiten hin in Geborgenheit wüßte, würde die Langeweile aus eigenem Antrieb vom Grunde des Herzens unaufhörlich aufsteigen, wo sie ja ihre natürlichen Wurzeln hat, und den Geist mit ihrem Gift anfüllen.

So unglücklich ist also der Mensch, daß er sich sogar ohne einen Grund zur Langeweile langweilen würde, allein durch die Anlage seines Temperaments; und so leer ist er, daß etwas ganz Geringes

[139/4] wie eine Billardkugel oder das Spiel mit einem Ball hinreicht, um ihn abzulenken, wenn er auch tausend wesentliche Gründe zur Langeweile in seinem Herzen hat. (...)

140 Dieser Mensch, der so betrübt ist über den Tod seiner Frau und seines einzigen Sohnes und der einen großen Prozeß hat, der ihn quält – wie kommt es eigentlich, daß er in diesem Augenblick nicht traurig ist und daß man ihn so frei von allen drückenden und sorgenvollen Gedanken sieht? Man braucht sich darüber nicht zu wundern; man hat ihm gerade einen Ball zugespielt, und er muß ihn seinem Partner zurückwerfen; um eine Partie zu gewinnen, ist er damit beschäftigt, ihn aufzufangen, wenn er vom Dach herunterfällt; wie soll er da wohl an seine eigenen Angelegenheiten denken, wenn er anderes zu betreiben hat? Das ist eine Sorge, würdig, diese große Seele zu beschäftigen und ihr jeden anderen Gedanken zu vertreiben. Da ist dieser Mensch, dazu geschaffen, das Weltall zu erkennen, Richter über alle Dinge zu sein, einen ganzen Staat zu lenken – und er ist damit beschäftigt und ganz von der Sorge erfüllt, einen Hasen zu erjagen. Und wenn er sich nicht dazu herabläßt und immer in Spannung leben möchte, wäre er nur noch törichter, weil er sich dann ja über das Menschsein hinaus erheben will; und schließlich ist er doch nur ein Mensch, das

[140/2] heißt zu wenigem und zu vielem befähigt, zu allem oder zu nichts: er ist weder Engel noch Tier, sondern Mensch.

144 Ich hatte lange Zeit mit dem Studium der abstrakten Wissenschaften zugebracht; aber der geringe Austausch, der sich für einen daraus ergibt, hatte es mir verleidet. Als ich nun begann, mich mit dem Menschen zu beschäftigen, erkannte ich, daß diese abstrakten Wissenschaften dem Menschen nicht angemessen sind und daß ich mich durch mein tieferes Eindringen in dieses Gebiet noch weiter von meinem wahren Menschsein entfernte als die anderen in ihrer Unwissenheit. Das geringe Wissen habe ich den anderen verziehen. Aber ich habe gehofft, wenigstens beim Studium des Menschen manchen Gefährten zu finden, und gemeint, diese Beschäftigung sei wirklich dem Menschen angemessen. Ich wurde enttäuscht; noch weniger Menschen beschäftigen sich mit dem Menschen als mit der Mathematik. Nur weil man nicht den Menschen zu studieren versteht, trachtet man nach dem übrigen; aber liegt der Grund nicht darin, daß auch das noch nicht das Wissen ist, das der Mensch haben sollte, und daß es für ihn besser ist, sich nicht zu kennen, wenn er glücklich sein will?

146 Der Mensch ist offenbar zum Denken geschaffen; darin liegt seine ganze Würde und sein ganzes Ver-

[146/2] dienst; und seine ganze Pflicht besteht darin, so zu denken, wie es richtig ist. Nun fordert es die Ordnung des Denkens, bei sich selbst zu beginnen, bei seinem Schöpfer und seiner Bestimmung.

Woran denkt nun aber die Welt? Niemals daran, sondern ans Tanzen und Lautespielen, ans Singen und Versemachen, ans Ringrennen und an manches andere, ans Kämpfen und daran, die Rolle des Königs zu spielen, ohne daran zu denken, was es heißt, König zu sein und Mensch zu sein.

148 Wir sind so aufgeblasen, daß wir gerne auf der ganzen Welt bekannt sein wollen und sogar bei Leuten, die erst leben werden, wenn wir nicht mehr existieren; und wir sind so eitel, daß die Achtung von fünf oder sechs Menschen, die um uns herum sind, uns behagt und zufriedenstellt.

150 Die Eitelkeit sitzt so tief im Herzen des Menschen, daß ein Soldat, ein Troßknecht, ein Koch oder ein Gepäckträger sich aufbläst und seine Bewunderer haben will; und sogar die Philosophen wollen welche haben; und Leute, die dagegen schreiben, beanspruchen den Ruhm, gut geschrieben zu haben; und Leute, die sie wiederum lesen, beanspruchen den Ruhm, sie gelesen zu haben; und ich, der ich das schreibe, habe vielleicht auch diesen Wunsch; und vielleicht auch Leute, die es lesen werden …

152 *Stolz.* – Neugierde ist nur Eitelkeit. Man will meistens nur etwas erfahren, um darüber zu reden. Man würde nicht über das Meer fahren, wenn man niemals darüber reden könnte, allein aus Freude am Sehen und ohne Aussicht, jemals darüber etwas berichten zu können.

162 Wer die Eitelkeit des Menschen vollkommen kennenlernen will, braucht nur die Ursachen und die Wirkungen der Liebe zu betrachten. Ihre Ursache ist etwas Undefinierbares (Corneille), und ihre Wirkungen sind erschreckend. Dieses Undefinierbare, etwas so Geringfügiges, daß man es nicht erkennen kann, setzt die ganze Erde, die Fürsten, die Waffen und die gesamte Welt in Bewegung.

Die Nase der Kleopatra: wäre sie kürzer gewesen, sähe das ganze Antlitz der Erde anders aus.

172 Wir halten uns niemals an die Gegenwart. Wir nehmen die Zukunft vorweg, gleichsam als käme sie zu langsam, als wollten wir ihr Kommen beschleunigen; oder wir rufen die Vergangenheit zurück, um sie festzuhalten, als ginge sie zu rasch von dannen: so unklug sind wir, daß wir zwischen den Zeiten herumirren, die nicht unsere sind, und an die einzige Zeit überhaupt nicht denken, die uns gehört; und so eitel sind wir, daß wir jenen Zeiten nachsinnen, die nichts mehr bedeuten, und damit unüberlegt der einzigen Zeit davonlaufen, die

[172/2] noch besteht. Gewöhnlich nämlich bedrückt uns das Gegenwärtige. Wir verbergen es vor unserem Blick, weil es uns betrübt; und wenn es uns angenehm ist, bedauern wir, es entschwinden zu sehen. Wir versuchen, es über den Weg der Zukunft zu erhalten, und wir meinen, die Dinge, die nicht in unserer Macht stehen, doch auf eine Zeit hin zu ordnen, von der wir nicht bestimmt wissen, ob wir sie erleben.

Jeder prüfe einmal seine Gedanken; er wird feststellen, daß sie alle mit der Vergangenheit und mit der Zukunft beschäftigt sind. An das Gegenwärtige denken wir fast überhaupt nicht; und wir denken eigentlich nur daran, um daraus die Einsicht zu gewinnen, wie man die Zukunft einrichten kann. Das Gegenwärtige ist niemals unser Ziel: Vergangenheit und Gegenwart sind nur unsere Mittel; allein das Zukünftige ist unser Ziel. Daher leben wir niemals, sondern wir hoffen nur zu leben; und weil wir uns immer auf ein kommendes Glück hin einrichten, ist es unvermeidlich, daß wir niemals glücklich sind.

199 Man stelle sich eine Anzahl von Menschen vor, in Ketten und alle zum Tode verurteilt, von denen einige täglich vor den Augen der anderen erdrosselt werden; die verbleiben, erleben ihr eigenes Leben in dem Leben ihrer Mitgefangenen, und sie warten, wenn sie sich gegenseitig ansehen, voll

[199/2] Schmerz und ohne Hoffnung, bis die Reihe an sie kommt. Das ist das Bild vom Menschsein der Menschen.

205 Wenn ich die kurze Dauer meines Lebens betrachte, verschlungen in die Ewigkeit, die ihm vorausgeht und folgt, den kleinen Raum, den ich ausfülle, und selbst jenen, den ich erblicke, der in der grenzenlosen Weite der Räume versinkt, von denen ich nichts weiß und die von mir nichts wissen, dann erschrecke ich und wundere mich darüber, daß ich mich eher hier als dort erlebe; denn es gibt keinen Grund, warum ich eher hier bin als dort, warum eher jetzt als früher einmal. Wer hat mich dahin gestellt? Durch wessen Anordnung und Führung ist dieser Ort und diese Zeit für mich bestimmt? *Wie die Erinnerung an einen Gast, der nur einen Tag bleibt.*

206 Vor dem ewigen Schweigen dieser endlosen Räume faßt mich Entsetzen.

229 (...) Ich blicke nach allen Seiten und sehe ringsum nur Dunkelheit. Die Natur bietet mir nichts, was nicht Anlaß zu Zweifel und Unruhe wäre. Wenn ich nichts in ihr sähe, das auf eine Gottheit hindeutet, würde ich mich zur Leugnung entscheiden; wenn ich überall die Spuren eines Schöpfers sähe, würde ich voller Frieden im Glauben ruhen. Da

[229/2] ich aber zuviel sehe, um zu leugnen, und zuwenig, um gewiß zu sein, bin ich in einem beklagenswerten Zustand, in dem ich hundertmal gewünscht habe, daß, wenn ein Gott die Natur wirklich trägt, sie ihn unmißverständlich auch zu erkennen geben soll; und daß, wenn die Spuren, die die Natur von ihm gibt, trügerisch sind, sie diese vollkommen fortlassen möge; daß sie alles oder nichts sagt, damit ich sehe, welcher Richtung ich folgen soll. Statt dessen weiß ich aber in dem Zustand, in dem ich mich befinde, nicht, was ich bin und was ich tun soll; ich kenne weder meine Bestimmung noch meine Pflicht. Mein ganzes Herz sehnt sich zu erkennen, wo das wahre Gut liegt, damit es ihm folgen kann; nichts wäre mir zu teuer für die Ewigkeit.

Ich beneide diejenigen, die ich mit solcher Gleichgültigkeit im Glauben leben sehe und die so schlecht eine Gabe nützen, von der ich meine, daß ich von ihr einen ganz anderen Gebrauch machen würde.

233 *Unendlich – Nichts.* – Unser Geist ist in den Körper geworfen, wo er Zahl, Zeit und Ausdehnung findet. Er denkt darüber nach und nennt es Natur, Notwendigkeit und kann nichts anderes glauben.

Die Einheit, die zum Unendlichen hinzutritt, vermehrt es um nichts, sowenig wie ein Fuß ein Maß ohne Ende vermehrt. Das Endliche wird vor

[233/2] dem Unendlichen zunichte und wird zu einem reinen Nichts. Ebenso unser Geist vor Gott und ebenso unsere Gerechtigkeit vor der göttlichen Gerechtigkeit. Zwischen unserer Gerechtigkeit und Gottes Gerechtigkeit besteht kein so großes Mißverhältnis wie zwischen der Einheit und dem Unendlichen.

Gottes Gerechtigkeit muß über alle Maßen hinaus groß sein wie sein Erbarmen. Die Gerechtigkeit gegenüber den Verdammten ist nicht in gleicher Weise unermeßlich und soll weniger erschüttern als das Erbarmen mit den Auserwählten.

(...)

Wenn es einen Gott gibt, ist er unendlich unbegreifbar; denn da er weder Teile noch Grenzen hat, besteht auch zwischen ihm und uns keine Gemeinsamkeit. Wir sind also unfähig zu erkennen, was er ist und ob er ist. Wer würde unter diesen Umständen wagen, diese Frage zu lösen? Wir wohl nicht; denn zwischen ihm und uns besteht nichts Gemeinsames.

Wer wollte also den Christen einen Vorwurf machen, wenn sie über ihren Glauben keine Rechenschaft ablegen können, da sie ja einen Glauben bekennen, den sie nicht begründen können? Sie erklären, wenn sie ihn der Welt darlegen, daß er eine Torheit sei: *stultitia* (1. Kor. 3, 19); und dann beklagen Sie sich darüber, daß sie ihn nicht beweisen! Wenn sie ihn bewiesen, hielten sie nicht Wort:

[233/3] wenn es ihnen auch an Beweisen fehlt, so fehlt es ihnen doch nicht an Verstand. – «Ja; wenn das auch jene entschuldigt, die einen solchen Glauben zeigen, und sie vom Vorwurf entlastet, daß sie keine Vernunftgründe für ihn vorbringen, so entschuldigt das noch nicht jene, die ihn annehmen.» – Wir wollen diesen Punkt also untersuchen und einmal annehmen: *Gott existiert, oder er existiert nicht.* Wofür wollen wir uns entscheiden? Die Vernunft kann dabei nichts entscheiden; ein unendliches Chaos trennt uns von Gott. Am äußersten Ende dieses unendlichen Abstands wird hier ein Spiel auf Kopf oder Schrift gespielt. Was werden Sie bei der Wette einsetzen? Aus Gründen der Vernunft können Sie weder das eine noch das andere tun; mit den Mitteln der Vernunft können Sie weder das eine noch das andere abtun.

Beschuldigen Sie also jene nicht des Irrtums, die sich entschieden haben; denn Sie wissen hier gar nichts. – «Nein, ich werde ihnen auch nicht den Vorwurf machen, daß sie diese Entscheidung, sondern daß sie überhaupt eine Entscheidung getroffen haben; denn wenn jener, der Schrift wählt, den gleichen Fehler macht wie der andere, so irren sie eben beide: richtig ist hier, überhaupt nicht zu wetten.»

– Schön; es muß aber gewettet werden; darin ist man nicht frei, Sie sind gefordert. Wofür werden Sie sich also entscheiden? Sehen wir uns die Sache

[233/4] einmal an. Da man sich nun entscheiden muß, wollen wir sehen, wo Sie am wenigsten riskieren. Sie haben zwei Dinge zu verlieren: das Wahre und das Gute, und zwei Dinge einzusetzen: Ihre Vernunft und Ihren Willen, Ihre Erkenntnis und Ihre Seligkeit; und Ihre Natur hat zwei Dinge zu meiden: Irrtum und Elend. Ihre Vernunft wird weder durch die eine noch die andere Entscheidung berührt, da man ja zwingend eine Entscheidung treffen muß. Damit ist ein Einwand beseitigt. Aber nun Ihre Seligkeit? Wir wollen Gewinn und Verlust gegeneinander abwägen, und «Schrift» soll einmal bedeuten: Gott existiert. Überlegen wir uns diese beiden Möglichkeiten: wenn Sie gewinnen, gewinnen Sie alles; wenn Sie verlieren, verlieren Sie nichts. Setzen Sie also, ohne weiter zu zögern, bei der Wette darauf, daß Gott existiert. – «Wunderbar! Ja, man muß einen Einsatz wagen; aber ich riskiere vielleicht einen zu hohen Einsatz.» – Schön, wir wollen das bereden. Da ja die gleiche Chance für Gewinn und Verlust besteht, könnten Sie den Einsatz noch wagen, wenn Sie nur zwei Leben für eins zu gewinnen hätten; wenn es aber drei zu gewinnen gäbe, müßte man doch spielen (da Sie ja nun zwingend spielen müssen), und Sie wären unklug, da Sie zum Spiel gezwungen sind, wenn Sie Ihr Leben nicht riskieren würden, um drei Leben zu gewinnen bei einem Spiel, wo die gleiche Verlust- und Gewinnchance besteht. Aber

[233/5] es geht hier um eine Ewigkeit von Leben und Glück. Und wenn es nun eine Unendlichkeit von Chancen gäbe, bei denen auch nur eine einzige für Sie ausginge, so hätten Sie doch noch allen Grund, eine Chance zu setzen, um zwei zu gewinnen; und Sie würden unklug handeln, sich beim Zwang zum Spielen zu weigern, ein Leben gegen drei zu setzen in einem Spiel, wo von einer Unendlichkeit von Chancen es nur eine für Sie gibt, falls es die Unendlichkeit eines unendlich glücklichen Lebens zu gewinnen gibt. Aber es gibt hier die Unendlichkeit eines unendlich glücklichen Lebens zu gewinnen bei einer Gewinnchance gegenüber einer endlichen Zahl von Verlustchancen; und was Sie spielen, ist nur endlich. Das beendet alles Abwägen: überall, wo das Unendliche ist und wo keine Unendlichkeit von Verlustchancen gegen eine Gewinnchance besteht, gibt es kein Zögern; man muß alles ins Spiel bringen. Und wenn man nun zum Spiel gezwungen ist, muß man daher eher auf die Vernunft verzichten, um das Leben zu behalten, als es zu riskieren im Hinblick auf den unendlichen Gewinn, der ebenso leicht eintrifft wie der Verlust des Nichts.

Denn es ist sinnlos zu sagen, es sei ungewiß, ob man gewinnt, dagegen gewiß, daß man etwas riskiert, und die unendliche Diskrepanz zwischen der *Gewißheit* des Risikos und der *Ungewißheit* des Gewinnens gleiche jener zwischen dem endlichen

[233/6] Gut, das man mit Sicherheit riskiert, und dem unendlichen, das unsicher ist. So ist das nicht. Jeder Spieler wagt mit Gewißheit, um dann mit Ungewißheit zu gewinnen; und dennoch wagt er gewiß das Endliche, um ungewiß das Endliche zu gewinnen, ohne dabei gegen die Vernunft zu verstoßen. Es gibt keine unendliche Diskrepanz zwischen dieser Gewißheit des Wagnisses und der Ungewißheit des Gewinns; das ist falsch. In Wirklichkeit liegt die Unendlichkeit zwischen der Gewißheit zu gewinnen und der Gewißheit zu verlieren. Aber die Ungewißheit zu gewinnen steht in sinnvollem Verhältnis zur Gewißheit des Wagnisses, entsprechend dem Verhältnis der Gewinn- und Verlustchancen. Und so ergibt sich, daß, wenn es auf beiden Seiten die gleiche Zahl von Chancen gibt, das Spiel gleich gegen gleich gespielt werden muß; und dann ist die Gewißheit des Wagnisses der Ungewißheit des Gewinns gleich: es ist abwegig zu meinen, zwischen beiden bestehe eine unendliche Diskrepanz. Und so hat unser Vorhaben eine unendliche Überzeugungskraft, da ja das Endliche zu riskieren ist bei einem Spiel, wo es bei gleichen Gewinn- und Verlustchancen das Unendliche zu gewinnen gibt. Das ist überzeugend; und wenn die Menschen zu irgendeiner Wahrheit fähig sind, dann liegt die Wahrheit hier. – «Ich gebe das zu, und ich erkenne das an. Aber gibt es kein Mittel, auch noch die Hintergründe des Spiels zu be-

[233/7] trachten?» – Doch, die Bibel und das übrige und manches andere.

– «Ja, aber meine Hände sind gebunden, und mein Mund ist stumm; man zwingt mich zur Wette, und ich bin nicht frei; man läßt mich nicht wieder los, und ich bin so geschaffen, daß ich nicht glauben kann. Was soll ich da also tun?»

– Das stimmt. Lernen Sie doch wenigstens, Ihre Glaubensohnmacht einzusehen, da Ihre Vernunft Sie ja dazu führt und Sie es dennoch nicht vermögen. Bemühen Sie sich doch, sich nicht etwa durch weitere Gottesbeweise zu überzeugen, sondern durch Minderung Ihrer Leidenschaften. Sie wollen zum Glauben kommen, und Sie kennen nicht den Weg dahin; Sie möchten vom Unglauben geheilt werden, und Sie fragen nach einem Mittel dafür: lernen Sie von denen, die wie Sie selbst gebunden waren und die jetzt ihr ganzes Hab und Gut einsetzen; es sind Menschen, die den Weg kennen, den Sie gehen möchten, und die von einem Leiden geheilt sind, dessen Heilung Sie erwarten. Machen Sie es so, wie diese es angefangen haben: sie taten, als hätten sie den Glauben, indem sie Weihwasser nahmen, Messen lesen ließen und manches andere. Das gerade wird Sie auf natürliche Weise zum Glauben bringen und den Anspruch Ihrer Vernunft demütigen. – «Das aber gerade befürchte ich.» – Warum denn? Was haben Sie zu verlieren?

[233/8] Um Ihnen aber zu zeigen, daß das zum Glauben führt: es wird Ihre Leidenschaften mindern, die das große Hindernis für Sie sind.

Schluß dieser Argumentation. – Was kann Ihnen nun Schlimmes zustoßen, wenn Sie sich so entscheiden? Sie werden treu, rechtschaffen, demütig, dankbar, wohltätig sein, ein aufrichtiger, echter Freund. Sie werden wirklich nicht mehr in den krankhaften Vergnügungen stecken, im Geltungsdrang und in den Genüssen; aber werden Sie nicht andere dafür eintauschen? Ich sage Ihnen, Sie werden dabei in diesem Leben gewinnen; und mit jedem Schritt, den Sie auf diesem Wege tun, werden Sie die Gewißheit des Gewinns und die Nichtigkeit des Risikos einsehen, so daß Sie schließlich anerkennen werden, daß Sie auf etwas Gewisses gesetzt haben, nämlich auf die Unendlichkeit, für die Sie nichts aufgegeben haben. (…)

267 Es ist der letzte Schritt der Vernunft, anzuerkennen, daß es eine Unendlichkeit von Dingen gibt, die sie übersteigen; sie ist nur dann schwach, wenn sie nicht bis zu dieser Erkenntnis gelangt.

Wenn schon die natürlichen Dinge sie übersteigen, was soll man dann von den übernatürlichen sagen?

268 *Unterwerfung.* – Man muß zu zweifeln verstehen, wo es notwendig ist, Gewißheit haben, wo es not-

[268/2] wendig ist, indem man sich unterwirft, wo es notwendig ist. Wer nicht so handelt, begreift nicht die Kraft der Vernunft. Es gibt Menschen, die gegen diese drei Grundsätze verstoßen; entweder versichern sie, alles sei beweisbar, weil sie sich im Beweisverfahren nicht auskennen; oder sie zweifeln an allem, weil sie nicht wissen, wo man sich unterwerfen muß; oder sie unterwerfen sich in allen Fällen, weil sie nicht wissen, wo man urteilen muß.

272 Nichts ist der Vernunft so angemessen wie diese Aberkennung der Vernunft.

274 Unser ganzes logisches Denken endet schließlich damit, daß wir der Erfahrung nachgeben.

Aber die Illusion ist der Erfahrung ähnlich und doch entgegengesetzt, so daß man zwischen diesen beiden Gegensätzen nicht unterscheiden kann. Der eine sagt, meine Erfahrung sei Illusion, der andere, seine Illusion sei Erfahrung. Man müßte ein Kriterium dafür haben. Die Vernunft bietet sich dazu an, aber sie ist nach allen Seiten hin zu biegen; und so gibt es dafür kein Kriterium.

277 Das Herz hat seine Gegengründe, die die Vernunft nicht kennt: das erfährt man bei tausend Anlässen. Ich behaupte, daß das Herz das allumfassende Wesen von Natur aus liebt und von Natur aus sich

[277/2] selbst, je nachdem es sich ihm hingibt; und es verhärtet sich in eigener Entscheidung gegen das eine oder das andere. Sie haben das eine abgelehnt und das andere bewahrt: lieben Sie sich nun aus Gründen der Vernunft?

278 Nicht die Vernunft, sondern das Herz erfährt Gott. Darin besteht der Glaube, daß Gott im Herzen und nicht von der Vernunft erfahren wird.

279 Der Glaube ist eine Gabe Gottes; meinen Sie nur nicht, wir würden sagen, er sei eine Gabe des Vernunftdenkens. Die anderen Religionen sagen das nicht von ihrem Glauben; um zum Glauben zu gelangen, gaben sie nur das Vernunftdenken an, das dennoch nicht dahin führt.

282 Wir erkennen die Wahrheit nicht allein mit der Vernunft, sondern auch mit dem Herzen; auf diese zweite Art erkennen wir die ersten Prinzipien, und vergeblich versucht das Vernunftdenken, das daran nicht beteiligt ist, sie zu bekämpfen. Die Skeptiker, die nur dies zum Ziel haben, bemühen sich hier vergeblich. Wir wissen, daß wir nicht träumen; unsere Ohnmacht, es mit der Vernunft beweisen zu wollen, läßt nur auf die Schwäche unserer Vernunft schließen, nicht aber auf die Ungewißheit aller unserer Erkenntnisse, wie die Skeptiker behaupten. Denn die Erkenntnis der ersten Prinzi-

[282/2] pien wie beispielsweise, daß es Raum, Zeit, Bewegung und Zahlen gibt, ist in gleicher Weise gesichert wie irgendeine von jenen Erkenntnissen, die uns unser Vernunftdenken vermittelt. Und auf diese Erkenntnisse des Herzens und des Instinkts muß die Vernunft sich stützen, und darauf muß sie ihre Rede gründen. (Das Herz spürt, daß es drei Dimensionen im Raume gibt und daß die Zahlen unendlich sind; und die Vernunft beweist dann, daß es nicht zwei Quadratzahlen gibt, von denen die eine doppelt so groß ist wie die andere. Die Prinzipien werden erfahren, die Lehrsätze erschlossen; und das alles mit Gewißheit, wenn auch auf verschiedenen Wegen.) Und es ist sinnlos und lächerlich, daß die Vernunft, um zustimmen zu können, vom Herzen Beweise für seine ersten Prinzipien fordert, wie es auch lächerlich wäre, wenn das Herz, um ihnen zustimmen zu können, von der Vernunft für alle Sätze, die sie beweist, eine Erfahrung verlangen würde.

Diese Machtlosigkeit soll also nur dazu dienen, die Vernunft zu demütigen, die über alles urteilen möchte, keineswegs aber dazu, unsere Gewißheit zu bekämpfen, gleichsam als gäbe es nur die Vernunft, die uns belehren könnte. Gebe Gott, daß wir sie im Gegenteil niemals nötig hätten und daß wir alle Dinge durch Instinkt und Erfahrung erkennen könnten! Aber die Natur hat uns dieses Gut versagt; sie hat uns im Gegenteil nur sehr wenige

[282/3] Erkenntnisse dieser Art geschenkt; alle anderen können nur im Vernunftdenken erworben werden.

Und darum sind jene, denen Gott die Religion in der Erfahrung des Herzens geschenkt hat, sehr glücklich und durchaus rechtmäßig überzeugt. Aber denen, die sie nicht haben, können wir sie nur auf dem Wege des vernünftigen Denkens vermitteln, in der Erwartung, daß Gott sie ihnen in der Erfahrung des Herzens schenkt; sonst ist der Glaube nur menschlich und zwecklos für das Heil.

283 *Ordnung. Gegen den Einwand, die Schrift habe keine Ordnung.* – Das Herz hat seine Ordnung. Der Geist hat auch seine Ordnung: sie liegt in Grundsätzen und in Beweisen. Das Herz hat eine andere Ordnung. Man beweist nicht, daß man geliebt werden muß, indem man die Ursachen der Liebe geordnet darlegt: das wäre lächerlich.

Jesus Christus und Paulus haben die Ordnung der christlichen Liebe, nicht etwa die Ordnung des Geistes; denn sie wollten die Herzen entzünden, nicht den Geist belehren. Augustinus ebenso. Diese Ordnung beruht wesentlich darin, daß man bei jedem Punkt, den man auf das Ziel bezieht, abschweift, um so immer wieder auf das Ziel hinzuweisen.

298 *Gerechtigkeit, Macht.* – Es ist gerecht, daß befolgt wird, was Recht ist; es ist notwendig, daß man dem folgt, was am mächtigsten ist. Gerechtigkeit ohne Macht ist machtlos; Macht ohne Gerechtigkeit ist tyrannisch. Der Gerechtigkeit ohne Macht wird widersprochen, weil es immer böse Menschen gibt; Macht ohne Gerechtigkeit wird verklagt. Man muß also Gerechtigkeit und Macht miteinander verbinden und dann dafür sorgen, daß, was Recht ist, auch mächtig ist, und was mächtig ist, auch Recht ist.

Gerechtigkeit wird bestritten, Macht ist deutlich erkennbar und unbestritten. So konnte man der Gerechtigkeit nicht die Macht verleihen, weil die Macht die Gerechtigkeit bestritt, sie als Unrecht bezeichnete und von sich behauptete, sie sei das Recht. Und da man nicht erreichen konnte, daß das, was Recht ist, auch Macht ist, machte man das, was Macht ist, zum Recht.

310 *König und Tyrann.* – Auch ich werde meine geheimen Gedanken haben.

Ich werde mich auf jeder Reise in acht nehmen.

Größe der bestehenden Ordnung, Achtung vor der bestehenden Ordnung.

Es ist die Freude der Großen, die Menschen glücklich machen zu können.

Es ist das Wesen des Reichtums, daß er freigebig verschenkt wird.

[310/2] Nach dem Wesen jedes Dinges muß getrachtet werden. Wesen der Macht ist es, Schutz zu verleihen.

Wenn die Macht sich am Gesichteschneider vergreift, wenn ein einfacher Soldat das Barett eines Gerichtspräsidenten nimmt und aus dem Fenster wirft.

319 Wie gut hat man daran getan, die Menschen äußerlich und nicht nach ihren inneren Eigenschaften zu unterscheiden! Wer von uns beiden wird den Vortritt haben? Wer tritt vor dem anderen zurück? Der weniger Tüchtige? Aber ich bin ebenso tüchtig wie er; wir müssen uns also darum schlagen. Er hat vier Lakaien, und ich habe nur einen: das sieht man; man braucht nur zu zählen; ich muß also zurücktreten, und ich wäre ein Tor, wenn ich das bestreiten wollte. Dadurch bleiben wir in Frieden; und das ist das größte der Güter.

323 Was ist das *Ich?*

Ein Mensch setzt sich ans Fenster, um die Passanten zu betrachten; wenn ich nun dort vorbeikomme, kann ich da behaupten, er habe sich dort eigens aufgestellt, um mich zu sehen? Nein, denn er denkt nicht eigens an mich. Aber wer jemanden um seiner Schönheit willen liebt, liebt er ihn wirklich? Nein: denn die Pocken, welche diese Schönheit zerstören werden, ohne den Menschen zu tö-

[323/2] ten, werden bewirken, daß er ihn nicht mehr lieben wird.

Und wenn man mich liebt wegen meiner Urteilskraft, wegen meines Gedächtnisses, liebt man dann wirklich mich? Nein, denn ich kann diese Eigenschaften verlieren, ohne selbst zugrunde zu gehen. Wo liegt also dieses *Ich,* wenn es sich weder im Leib noch in der Seele befindet? Und wie kann man den Leib oder die Seele nur um dieser Eigenschaften willen lieben, die keineswegs das Ich ausmachen, da sie ja vergänglich sind? Denn könnte man die Substanz der Seele eines Menschen in ihrer Wesenheit lieben ohne Rücksicht auf dessen Eigenschaften? Das ist nicht möglich und wäre ungerecht. Man liebt also niemals den Menschen, sondern immer nur Eigenschaften.

Man mache sich also nicht mehr lustig über die Leute, die sich wegen ihrer Ämter und Stellungen ehren lassen; denn man liebt einen Menschen nur um seiner gestundeten Eigenschaften willen.

327 Die Welt beurteilt viele Dinge, denn sie lebt in der natürlichen Unwissenheit, die die wahre Situation des Menschen ist. Jedes Wissen hat zwei Extreme, die sich berühren. Das eine ist die reine und natürliche Unwissenheit, in der sich alle Menschen bei der Geburt befinden. Das andere ist jene Unwissenheit, die die großen Seelen erreichen, wenn sie alles durchlaufen haben, was die Menschen wissen

[327/2] können, und dann entdecken, daß sie nichts wissen, und sich in der gleichen Unwissenheit wiederfinden, von der sie ausgegangen waren; aber das ist eine wissende Unwissenheit, die sich als solche erkennt. Diejenigen zwischen beiden, die von der natürlichen Unwissenheit ausgingen und die andere nicht erreichen konnten, haben nur eine Art Firnis von diesem selbstgefälligen Wissen, spielen aber die Klugen. Sie verwirren die Welt und beurteilen alles verkehrt. Das Volk und die Wissenden bestimmen den Gang der Welt; jene Halbgebildeten verachten ihn und werden selbst verachtet. Sie beurteilen alle Dinge verkehrt, die Welt aber richtig.

336 *Ursache der Wirkungen.* – Man muß einen geheimen Gedanken haben und von dort her alles beurteilen, dabei aber reden wie das Volk.

346 Denken macht die Größe des Menschen aus.

347 Der Mensch ist nur ein Schilfrohr, das Schwächste in der Natur; aber er ist ein Schilfrohr, das denkt. Es ist nicht nötig, daß das ganze Weltall sich rüstet, um ihn zu vernichten: ein Dunsthauch, ein Wassertropfen genügt, um ihn zu töten. Wenn ihn aber auch das Weltall vernichten würde, wäre der Mensch immer noch erhabener als das, was ihn tötet, weil er weiß, daß er stirbt, und die Überlegen-

[347/2] heit kennt, die das Weltall über ihn hat; das Weltall weiß das nicht.

Unsere ganze Würde beruht also auf dem Denken. Von dorther muß unser Selbstbewußtsein kommen, nicht aber vom Raum und von der Zeit, die wir nicht ausfüllen können. Bemühen wir uns also darum, richtig zu denken: das ist die Grundlage für alle Sittlichkeit.

353 Ich bewundere keineswegs das Übermaß einer Tugend, etwa der Tapferkeit, wenn ich nicht zugleich das Übermaß der entgegengesetzten Tugend sehe wie bei Epaminondas, der zugleich mit der äußersten Tapferkeit auch die äußerste Güte besaß. Denn sonst ist das kein Steigen, sondern ein Fallen. Man beweist seine Größe nicht damit, daß man an einem Pol steht, sondern indem man die beiden Pole zugleich berührt und den Gesamtraum dazwischen ausfüllt. Vielleicht aber gibt es nur eine plötzliche Bewegung der Seele von einem Pol zum anderen, während sie in Wirklichkeit immer nur an einem Punkt ist wie der glühende Span im Feuer. Mag sein; aber zumindest zeigt sich darin die Beweglichkeit der Seele, wenn sich darin nicht sogar ihre Weite zeigt.

358 Der Mensch ist weder Engel noch Tier; das Verhängnis aber ist es, daß, wer den Engel spielen will, zum Tier wird.

359 Wir behaupten uns in der Tugend nicht durch unsere eigene Kraft, sondern durch das Gegengewicht zweier entgegengesetzter Laster, wie wir auch aufrecht stehen bleiben zwischen zwei Winden aus entgegengesetzter Richtung: Nehmen Sie eines dieser Laster fort, und wir fallen in das andere.

365 *Denken.* – Die ganze Würde des Menschen beruht auf dem Denken.

Was aber ist dieses Denken? Wie töricht ist es!

Das Denken ist also etwas Wunderbares und seinem Wesen nach Unvergleichliches. Es müßte schon seltsame Mängel haben, wenn es verächtlich sein sollte; aber es hat derartige Mängel, daß nichts lächerlicher ist. Wie groß ist es seinem Wesen nach! Wie minderwertig durch seine Mängel!

378 *Skeptizismus.* – Die höchste Geistigkeit wird ebenso der Torheit beschuldigt wie das höchste Versagen. Allein das Mittelmaß ist gut. Die Mehrheit hat das so verfügt, und sie verfolgt jeden, der nach einem der beiden Extreme hin entkommen will. Ich will mich dem nicht widersetzen; ich habe nichts dagegen, daß man mich dorthin setzt, aber ich weigere mich, am unteren Ende zu sein, nicht etwa, weil es weit unten ist, sondern weil es das Ende ist; denn ich würde mich ebenso weigern, wenn man mich ans obere Ende setzte. Aus der

[378/2] Mitte heraustreten heißt das Menschsein aufgeben. Die Größe der menschlichen Seele beruht darin, daß sie sich in der Mitte zu halten vermag; so sehr gehört es zur Größe, daß sie die Mitte nicht verläßt, daß es geradezu ihr Wesen ausmacht, sie nicht zu verlassen.

380 Alle guten Grundsätze sind in der Welt vorhanden; nur wendet man sie nicht an. Zum Beispiel:

Man zweifelt nicht daran, daß man sein Leben einsetzen muß, um das Gemeinwohl zu verteidigen, und manch einer tut es auch; aber keineswegs für die Religion.

Es ist notwendig, daß es Ungleichheit zwischen den Menschen gibt, das ist richtig; aber sobald man das zugestanden hat, sind Tür und Tor offen nicht nur für den höchsten Rang der Herrschaft, sondern auch für die schlimmste Tyrannis.

Es ist notwendig, daß man für den Geist ein wenig die Zügel lockere; aber das öffnet der größten Verwilderung Tür und Tor. – Man sollte die Grenzen kenntlich machen. – Es gibt in den Dingen keine Grenzen: die Gesetze wollen sie hineinlegen, aber der Geist kann es nicht ertragen.

396 Zweierlei belehrt den Menschen über sein ganzes Wesen: der angeborene Sinn für die Wahrheit sowie die Erfahrung.

397 Die Größe des Menschen ist darin groß, daß er sich als elend erkennt. Ein Baum weiß nichts von seinem Elend.

Elend sein heißt also erkennen, daß man elend ist; aber groß sein heißt anerkennen, daß man elend ist.

404 Die größte Niedrigkeit des Menschen ist sein Geltungsdrang, und doch ist gerade er das deutlichste Zeichen seiner Vortrefflichkeit; denn er mag auf Erden besitzen, was er will, gesund sein und wohlhabend, wie er will, er ist nicht zufrieden, wenn er nicht bei den Menschen in Achtung steht. Er schätzt die Vernunft des Menschen so hoch ein, daß er bei allen Vorteilen auf der Erde nicht zufrieden ist, wenn er nicht auch einen bevorzugten Platz im Urteil der Menschen einnimmt. Das ist der schönste Ort auf der Welt; nichts kann ihn von dieser Sehnsucht abbringen, und das menschliche Herz hat keine andere Eigenschaft, die so unauslöschlich wäre.

Und jene, die die Menschen am tiefsten verachten und sie den Tieren gleichstellen, wollen dafür noch bewundert werden und verlangen, daß man ihnen glaubt; aber sie widersprechen sich selbst durch ihre eigene Erfahrung: ihr Wesen, das stärker als alles andere ist, überzeugt sie noch stärker von der menschlichen Größe, als die Vernunft sie von ihrer Niedrigkeit überzeugt.

409 *Die Größe des Menschen.* – Die Größe des Menschen ist so sichtbar, daß sie sich sogar aus seinem Elend ableiten läßt. Denn was bei den Tieren Natur ist, nennen wir beim Menschen Elend; daran erkennen wir, daß seine Natur jetzt mit der Natur der Tiere gleich ist: er ist aus einer besseren Natur herabgestürzt, die früher einmal zu seinem Wesen gehörte.

Denn wer ist wohl unglücklich, nicht König zu sein, wenn nicht ein entthronter König? Hielt man Paulus Aemilius für unglücklich, weil er nicht mehr Konsul war? Im Gegenteil, jeder war der Meinung, daß er glücklich war, es gewesen zu sein; denn es war nicht seine Bestimmung, es immer zu sein. Perseus aber hielt man für unglücklich, daß er nicht mehr König war, weil es seine Bestimmung war, es immer zu sein, und man wunderte sich darüber, wie er das Leben weiter ertragen konnte. Wer ist denn unglücklich, daß er nur einen Mund hat? Aber wer würde nicht unglücklich sein, wenn er nur ein Auge hätte? Man ist vielleicht noch niemals auf den Gedanken gekommen, darüber traurig zu sein, daß man nicht drei Augen hat, aber man ist untröstlich, wenn man keins hat.

418 Es ist gefährlich, den Menschen so deutlich darauf hinzuweisen, wie sehr er den Tieren gleicht, ohne ihm zugleich seine Größe aufzuzeigen. Es ist ferner gefährlich, ihm zu deutlich seine Größe ohne

[418/2] seine Niedrigkeit aufzuweisen. Noch gefährlicher ist es, ihn über das eine wie über das andere in Unkenntnis zu lassen. Aber es ist sehr vorteilhaft, ihm das eine wie das andere vorzustellen.

Der Mensch darf nicht glauben, er gleiche den Tieren oder den Engeln; er soll auch nicht über beides in Unkenntnis sein, sondern beides soll er wissen.

420 Wenn er sich rühmt, erniedrige ich ihn; wenn er sich erniedrigt, rühme ich ihn; und ich widerspreche ihm immer, bis er begreift, daß er ein unbegreifliches Ungeheuer ist.

425 Alle Menschen streben danach, glücklich zu sein; das gilt ohne Ausnahme; die Mittel, die sie dafür anwenden, mögen verschieden sein: sie streben alle dem gleichen Ziel zu. Daher ziehen die einen in den Krieg, andere aber nicht: bei beiden besteht das gleiche Verlangen, nur in verschiedener Perspektive. Der Wille tut auch den kleinsten Schritt immer nur in Richtung auf dieses Ziel hin. Das ist der Beweggrund aller Handlungen bei allen Menschen, ja sogar bei jenen, die sich erhängen wollen.

Aber seit so vielen Jahren hat niemals ein Mensch ohne Glauben jenen Punkt erreicht, auf den unaufhörlich alle hinzielen. Alle beklagen sich: Fürsten und Untertanen, Adelige und Bürgerliche,

[425/2] Alte und Junge, Starke und Schwache, Gebildete und Ungebildete, Gesunde und Kranke; aus allen Ländern, zu allen Zeiten, in allen Altersstufen und in allen Lebensumständen.

Ein so langer, so anhaltender und so gleichförmiger Versuch sollte uns doch wohl von unserer Ohnmacht überzeugen, durch unsere eigenen Anstrengungen zum Glück zu gelangen; aber das Beispiel belehrt uns nur wenig. Es ist niemals so vollkommen gleichartig, daß es nicht doch irgendeinen feinen Unterschied gäbe; und darum erwarten wir, daß unsere Erwartung bei dieser Gelegenheit ebensowenig enttäuscht wird wie bei jener anderen. Und da uns die Gegenwart niemals genügt, betrügt uns die Erfahrung und führt uns von Unglück zu Unglück bis zum Tod, in dem sich das Unglück für die Ewigkeit erfüllt.

Was schreit uns diese Sucht und diese Ohnmacht nun anderes zu, als daß es früher einmal im Menschen ein wirkliches Glück gegeben hat, von dem ihm jetzt nur mehr ein Mal und eine leere Spur verblieben ist; vergeblich versucht er, sie mit allem zu erfüllen, was ihn umgibt, wobei er bei den abwesenden Dingen jene Hilfe sucht, die er bei den gegenwärtigen nicht erhält; diese sind aber dazu alle unfähig, weil die unendliche Kluft nur durch ein unendliches und unwandelbares Ziel, nämlich durch Gott selbst, ausgefüllt werden kann.

Er allein ist das wahre Gut des Menschen; es ist

[425/3] seltsam, daß, seitdem der Mensch ihn verlassen hat, es in der Natur nichts gibt, das nicht schon dessen Stelle einzunehmen vermochte: Gestirne, Himmel, Erde, Elemente, Pflanzen, Kohl, Lauch, Tiere, Insekten, Kälber, Schlangen, Fieber, Pest, Krieg, Hungersnot, Laster, Ehebruch, Blutschande. Und seitdem er das wahre Gut verloren hat, kann ihm alles gleichermaßen als solches erscheinen, selbst seine eigene Vernichtung, wenn diese auch gegen Gott, gegen die Vernunft und gegen die gesamte Natur ist.

Die einen suchen das wahre Gut in der Herrschaft, andere in Forschung und Wissenschaft, andere wiederum in der sinnlichen Lust. Andere, die ihm wirklich näher kamen, haben die Notwendigkeit bedacht, daß das allgemeine Gut, nach dem alle Menschen verlangen, in keinem Einzelding liegen darf, das nur ein einzelner besitzen könne und das bei einer Teilung seinen Besitzer durch den Mangel des fehlenden Teils mehr betrübt, als daß es ihn durch den Genuß des vorhandenen Teils befriedigt. Sie haben begriffen, daß das wahre Gut so sein müßte, daß es alle gleichzeitig besitzen können, und zwar ohne Minderung und ohne Neid, und daß es niemand gegen seinen Willen verlieren könnte. Und ihre Begründung liegt darin, daß diese Sehnsucht dem Menschen von Natur aus eingesenkt ist, weil sie notwendigerweise bei allen vorhanden ist, und weil es geradezu

[425/4] unmöglich ist, daß er sie nicht verspürt, schließen sie daraus …

430 Größe und Elend des Menschen sind so sichtbar, daß die wahre Religion uns notwendig darüber zu belehren hat, daß es im Menschen sowohl einen mächtigen Grund der Größe wie auch einen mächtigen Grund des Elends gibt. Sie muß uns also über diese erstaunlichen Widersprüche Rechenschaft geben.

Um den Menschen glücklich zu machen, muß sie ihm zeigen, daß es einen Gott gibt, daß man verpflichtet ist, ihn zu lieben, daß unsere einzige Glückseligkeit darin besteht, in ihm zu sein, und unser einziges Unglück, von ihm getrennt zu sein; sie muß anerkennen, daß wir voller Dunkelheiten sind, die uns hindern, ihn zu erkennen und ihn zu lieben; und da unsere Pflichten uns nötigen, Gott zu lieben, und unsere bösen Begierden uns von ihm ablenken, sind wir so voller Ungerechtigkeit. Sie muß uns Rechenschaft geben von unseren Widerständen gegen Gott und gegen unser eigenes Heil. Sie muß uns die Mittel gegen diese Ohnmacht aufzeigen, aber auch die Wege, diese Mittel zu erlangen. Man prüfe daraufhin alle Religionen der Welt, und man sehe zu, ob es eine andere als die christliche gibt, die dem genügt.

Tun es die Philosophen, die uns als letztes Gut

[430/2] jene Güter vorlegen, die in uns selbst liegen? Liegt dort das wahre Heil? Haben sie das Mittel gegen unsere Leiden gefunden? Liegt darin die Heilung des Menschen vom Stolz, daß sie ihn Gott gleichgestellt haben? Jene, die uns mit den Tieren gleichstellten, und die Mohammedaner, die uns die Freuden der Erde noch in der Ewigkeit als eigentliches Heil anboten, haben sie das Mittel gegen unsere bösen Begierden verschafft? Welche Religion wird uns nun lehren, Stolz und böse Begierden zu heilen? Welche Religion wird uns nun unser Heil, unsere Pflichten und unsere Schwächen lehren, die uns davon abbringen, den Grund für diese Schwächen, die Mittel, sie zu heilen, und den Weg, zu diesen Mitteln zu kommen?

Alle anderen Religionen haben es nicht vermocht. Wir wollen sehen, was Gottes Weisheit sagen wird:

«Erwartet weder Wahrheit noch Trost von den Menschen. Ich bin es, die euch geschaffen hat, und ich allein kann euch lehren, wer ihr seid. Aber jetzt seid ihr nicht mehr in dem Stande, in dem ich euch geschaffen habe. Ich habe den Menschen heilig, unschuldig und vollkommen erschaffen; ich habe ihn mit Licht und Einsicht erfüllt; ich habe ihn an meiner Herrlichkeit und meinen Wundern teilhaben lassen. Das Auge des Menschen erschaute damals Gottes Majestät. Er war damals nicht in der Finsternis, die ihn blind macht, auch

[430/3] nicht in der Sterblichkeit und der Not, die ihn bedrücken. Aber er konnte so viel Herrlichkeit nicht ertragen, ohne der Vermessenheit zu verfallen. Er wollte sich zum Mittelpunkt seiner selbst machen und unabhängig von meiner Hilfe. Er entzog sich meiner Herrschaft; und da er sich durch sein Verlangen, sein Glück in sich selbst zu finden, sich mir gleichgesetzt hat, überließ ich ihn sich selbst. Und indem ich die Geschöpfe, die ihm untertan waren, gegen ihn aufbrachte, machte ich sie ihm zu Feinden: so ist jetzt der Mensch den Tieren gleich geworden, und er steht in einer solchen Ferne zu mir, daß ihm kaum noch ein schwaches Licht von seinem Schöpfer verblieben ist: so sehr sind alle seine Erkenntnisse erloschen oder getrübt! Die Sinne, die unabhängig von der Vernunft und oft deren Herren sind, rissen ihn zur Jagd nach der Lust. Alles Geschaffene quält ihn oder führt ihn in Versuchung und beherrscht ihn, indem es ihn entweder durch seine Macht unterwirft oder ihn durch seine Verlockung bezaubert – eine noch schrecklichere und gewaltigere Herrschaft!

In diesem Zustand befinden sich jetzt die Menschen. Irgendwie ist ihnen ein machtloser Trieb vom Glück ihrer ersten Natur verblieben, und sie sind in den Nöten ihrer Blindheit und ihrer bösen Begierden versunken, die ihre zweite Natur geworden sind.

In diesem Grund, den ich euch eröffne, könnt

[430/4] ihr die Ursache so vieler Widersprüche erkennen, die alle Menschen in Erstaunen versetzt und in so verschiedene Meinungen gespalten haben. Betrachtet jetzt alle Regungen der Größe und des Geltungsdrangs, die so viele Prüfungen durch das Elend nicht ersticken können, und überlegt, ob der Grund dafür nicht in einer anderen Natur liegen muß.

Vergeblich sucht ihr Menschen das Mittel gegen euer Elend in euch selbst. Alle eure Einsichten können nur zu der Erkenntnis kommen, daß ihr in euch selbst weder die Wahrheit noch das Heil finden werdet. Die Philosophen haben es euch versprochen, und sie haben es nicht vermocht. Sie wissen weder, was euer wahres Heil, noch was eure wirkliche Situation ist. Wie hätten sie Mittel gegen eure Leiden geben können, welche sie nicht einmal erkannten? Eure hauptsächlichen Krankheiten sind der Stolz, der euch von Gott wegzieht, und die Begierden, die euch an die Erde binden; und sie vermochten nichts anderes, als wenigstens eine dieser Krankheiten zu fördern. Gott haben sie euch nur als Ziel hingestellt, um euern Hochmut zu beschäftigen: sie ließen euch glauben, daß ihr ihm wesensmäßig ähnlich und gleichartig seid. Und jene, die die Eitelkeit dieser Vermessenheit einsahen, haben euch in den anderen Abgrund gestoßen, indem sie euch zu verstehen gaben, daß eure Natur der

[430/5] Natur der Tiere ähnlich sei; und sie brachten euch dazu, euer Heil in den Begierden zu suchen, die das Los der Tiere sind. Darin liegt nicht das Mittel, euch von euren Ungerechtigkeiten zu heilen, welche diese Weisen nicht erkannten. Ich allein vermag euch begreifbar zu machen, wer ihr seid …»

Adam, Jesus Christus.

Wenn ihr mit Gott vereint werdet, so bewirkt das die Gnade, nicht die Natur. Wenn ihr erniedrigt werdet, so geschieht es zur Buße, nicht durch die Natur.

So verhält es sich mit diesem doppelten Vermögen …

Ihr befindet euch nicht im Zustand eurer Erschaffung.

Nachdem diese beiden Seiten euch enthüllt sind, ist es unmöglich, daß ihr sie nicht anerkennt. Folgt euren Regungen, beobachtet euch selbst, und seht zu, ob ihr nicht die lebendigen Zeichen dieser beiden Naturen in euch finden werdet. Sollten sich so viele Widersprüche in einem einfachen Wesen finden?

– Unfaßbar. – Alles, was unfaßbar ist, hört darum nicht auf zu existieren. Die unendliche Zahl. Ein unendlicher Raum ist dem endlichen gleich.

– Unglaublich, daß Gott sich mit uns vereint. – Diese Überlegung läßt sich nur von der Perspektive unserer Minderwertigkeit herleiten. Aber wenn

[430/6] ihr sie ganz aufrichtig vollzogen habt, dann geht mit ihr so weit wie ich und erkennt, daß wir tatsächlich so minderwertig sind, daß wir aus eigener Kraft zu der Erkenntnis nicht befähigt sind, ob sein Erbarmen uns seiner nicht fähig machen kann. Denn ich möchte wissen, woher dieses Lebewesen, das seine eigene Schwäche erkennt, das Recht hat, Gottes Erbarmen zu messen und ihm die Grenzen zu setzen, die ihm seine Phantasie nahelegt. Er weiß so wenig, was Gott ist, daß er nicht weiß, was er selbst ist; und ganz verwirrt vom Anblick seines eigenen Zustands wagt er zu sagen, Gott könne ihn zu der Vereinigung mit ihm nicht fähig machen.

Aber ich möchte ihn fragen, ob Gott von ihm etwas anderes verlangt, als daß er ihn liebt und anerkennt, und warum er meint, Gott könne sich ihm nicht zu erkennen geben und sich für ihn nicht liebenswert machen, da er doch von Natur aus der Liebe und Erkenntnis fähig ist. Es besteht kein Zweifel, daß der Mensch wenigstens weiß, daß er ist und daß er etwas liebt. Wenn er also inmitten der Finsternis, in der er lebt, etwas sieht, und unter den Dingen auf Erden etwas zu lieben findet, warum sollte er, wenn Gott ihm einen Strahl seines Wesens verleiht, nicht fähig sein, ihn zu erkennen und ihn in der Weise zu lieben, wie er sich gerne uns mitteilen möchte? In solchen Überlegungen steckt zweifellos eine unerträgliche Ver-

[430/7] messenheit, auch wenn sie in einer eindeutigen Demut begründet scheinen, die weder aufrichtig noch vernünftig ist, wenn wir damit nicht bekennen, daß wir aus eigener Kraft nicht wissen, wer wir sind, und es nur durch Gott erfahren können.

«Ich verlange nicht, daß ihr mir euren Glauben ohne Grund unterwerft, und ich habe nicht die Absicht, euch tyrannisch zu unterjochen. Ich beabsichtige auch nicht, euch über alles Rechenschaft zu geben. Und um diese Widersprüche in Einklang zu bringen, will ich euch eindeutig durch überzeugende Beweise göttliche Merkmale in mir zeigen, die euch von dem überzeugen sollen, was ich bin, und mir durch Wunder und Beweise, die ihr nicht ablehnen könnt, Autorität verschaffen sollen; und dann werdet ihr ohne Zögern das glauben, was ich euch lehre, da ihr auch zur Ablehnung keinen anderen Grund finden werdet, als daß ihr aus eigener Einsicht nicht erkennen könnt, ob es das gibt oder nicht.

Gott wollte die Menschen erlösen und denen das Heil eröffnen, die ihn gesucht haben. Aber die Menschen erweisen sich seiner so unwürdig, daß es gerecht ist, wenn Gott einigen wegen der Verhärtung ihrer Herzen das verweigert, was er den anderen in ungeschuldetem Erbarmen gewährt. Hätte er den Widerstand der Verstocktesten brechen wollen, so hätte er es dadurch vermocht, daß

[430/8] er sich ihnen so eindeutig offenbarte, daß sie an der Wahrheit seines Wesens nicht hätten zweifeln können, wie er am Jüngsten Tag in solchem Glanz der Blitze und mit einer solchen Erschütterung der Natur erscheinen wird, daß die vom Tode Auferweckten und die Verblendetsten ihn sehen werden.

Nicht so wollte er in dem Reich seiner Güte erscheinen; weil so viele Menschen sich seiner Milde unwürdig erwiesen, wollte er sie in der Entbehrung jenes Guten belassen, das sie nicht wollen. Es wäre also nicht gerecht gewesen, wenn er auf eine so offensichtlich göttliche Weise erschienen wäre, die unbedingt geeignet gewesen wäre, alle Menschen zu überzeugen. Aber es wäre auch nicht gerecht, wenn er auf so verborgene Weise gekommen wäre, daß er von denen nicht erkannt werden konnte, die ihn aufrichtig suchen würden. Diesen wollte er sich vollkommen erkennbar machen: und da er denen offen erscheinen wollte, die ihn aus ganzem Herzen suchen, aber verborgen denen, die vor ihm aus ganzem Herzen fliehen, schränkt er seine Erkennbarkeit so ein, daß er denen, die ihn suchen, erkennbare Zeichen von sich gab, nicht aber denen, die ihn nicht suchen. Es gibt genügend Licht für die, welche sich nur danach sehnen, ihn zu sehen, und genügend Dunkelheit für die, welche eine entgegengesetzte Neigung haben.»

431 Kein anderer hat erkannt, daß der Mensch das vorzüglichste Geschöpf ist. Die einen, die die Tatsache seiner Auszeichnung erkannten, haben die Gefühle der Minderwertigkeit, die die Menschen von Natur aus vor sich selbst empfinden, für Feigheit und Undankbarkeit gehalten; und die anderen, die sehr wohl erkannten, wie durchaus real diese Minderwertigkeit ist, behandelten diese Gefühle der Größe, die auch zur Natur des Menschen gehören, als lächerlichen Hochmut.

«Schaut zu Gott empor», sagen die einen; «seht auf den, dem ihr ähnlich seid und der euch zu seiner Anbetung geschaffen hat. Ihr könnt ihm ähnlich werden; die Weisheit wird euch ihm angleichen, wenn ihr ihm folgen wollt.» «Kopf hoch, freie Menschen!», sagt Epiktet. Und die anderen sagen ihm: «Schlagt die Augen zur Erde nieder, kümmerliches Gewürm, das ihr seid, und schaut auf die Tiere, deren Gefährten ihr seid.»

Was wird also der Mensch werden? Wird er Gott oder den Tieren gleich sein? Welch entsetzlicher Abstand! Was wird aus uns nun werden? Wer sieht nicht aus all dem, daß der Mensch auf Irrwege geraten ist, daß er ortlos geworden ist, daß er seinen Ort ruhelos sucht und daß er ihn nicht mehr wiederfinden kann? Wer aber wird ihn nun dorthin weisen? Die größten Menschen haben es nicht vermocht.

434 (…) Was für eine Chimäre ist doch der Mensch? Welche Sensation, welches Ungeheuer, welches Chaos, welches Ding des Widerspruchs, welches Wunder! Richter aller Dinge, einfältiger Erdenwurm; Hüter des Wahren, Kloake der Ungewißheit und des Irrtums; Glanz und Auswurf des Weltalls.

(…)

Erkenne also, du Hochmütiger, welches Paradox du für dich selbst bist! Demütige dich, ohnmächtige Vernunft, schweig, einfältige Natur: begreife, daß der Mensch unendlich den Menschen übersteigt, und laß dir von deinem Meister dein wahres Menschsein erklären, von dem du nichts weißt! Höre auf Gott!

Denn wäre schließlich der Mensch niemals verderbt worden, so würde er in Unschuld noch mit Sicherheit die Wahrheit und das Glück genießen; und wenn der Mensch seit je verderbt gewesen wäre, so hätte er überhaupt keine Vorstellung von der Wahrheit und von der Glückseligkeit. Aber unglücklich, wie wir sind, und noch unglücklicher, wenn es überhaupt keine Größe in unserem Menschsein gäbe, haben wir eine Vorstellung vom Glück und können dorthin doch nicht gelangen; wir spüren ein Bild von der Wahrheit und besitzen doch nur die Lüge; wir sind unfähig, schlechthin unwissend zu sein und etwas mit Gewißheit zu erkennen; so eindeutig ist es, daß wir

[434/2] auf einer Stufe der Vollkommenheit standen, von der wir zu unserem Unglück herabgestürzt sind.

Aber es ist erstaunlich, daß das Geheimnis, das unserer Erkenntnis am wenigsten zugänglich ist, nämlich das Geheimnis von der Vererbung der Sünde, etwas ist, ohne das wir überhaupt keine Selbsterkenntnis besitzen können. Denn es besteht kein Zweifel, daß unsere Vernunft nichts mehr ärgert, als wenn man sagt, die Sünde des ersten Menschen habe jene schuldig gemacht, die von diesem Ursprung so weit entfernt sind, daß sie für die Teilhabe daran unfähig erscheinen. Dieses Fortwirken der Sünde scheint uns nicht nur unmöglich, es erscheint uns sogar sehr ungerecht; denn was widerspricht den Regeln unserer armseligen Gerechtigkeit mehr, als für alle Ewigkeit ein entscheidungsunfähiges Kind wegen einer Sünde zu verdammen, an der es so wenig teilzuhaben scheint, weil sie 6000 Jahre vor seiner Geburt begangen wurde? Bestimmt bereitet uns nichts ein heftigeres Ärgernis als diese Lehre; und dennoch: ohne dieses Geheimnis, das unbegreiflichste von allen, sind wir uns selbst unbegreiflich. Der Knoten unseres Menschseins hat seine Krümmungen und Windungen in diesem Abgrund; so ist der Mensch ohne dieses Geheimnis unbegreiflicher, als dieses Geheimnis dem Menschen unbegreiflich ist. Daraus wird eindeutig klar, daß Gott uns die Schwierigkeit unseres Wesens für uns selbst uneinsichtig

[434/3] machen wollte; er hat deshalb den Knoten so hoch oder, besser gesagt, so tief verborgen, daß wir ganz unfähig waren, dahin zu gelangen; so können wir uns nicht durch die hochmütigen Anstrengungen unserer Vernunft, sondern nur durch die Unterwerfung der Vernunft wirklich selbst erkennen.

Diese Grundlagen, die sich fest auf die unverletzliche Autorität der Religion stützen, lassen uns erkennen, daß es zwei gleich beständige Glaubenswahrheiten gibt: erstens, daß der Mensch im Zustand der Erschaffung oder im Zustand der Gnade über die ganze Natur erhöht worden ist, als Gottes Ebenbild geschaffen und seiner Gottheit teilhaftig; zweitens, daß er im Zustand der Verderbtheit und der Sünde aus diesem Zustand herabgestürzt ist und zum Abbild der Tiere wurde. (...)

437 Wir wünschen die Wahrheit und finden in uns nur Ungewißheit.

Wir sind auf der Suche nach dem Glück und finden nur Elend und Tod.

Wir sind unfähig, Wahrheit und Glück nicht zu wünschen, und sind doch der Gewißheit und des Glücks nicht fähig. Diese Sehnsucht ist uns verblieben, einmal um uns zu strafen, dann aber auch um uns spüren zu lassen, aus welcher Höhe wir gefallen sind.

477 Es ist falsch zu meinen, wir seien würdig, von den anderen geliebt zu werden; es ist ungerecht, das zu verlangen. Wären wir von Natur vernünftig und leidenschaftslos, würden wir uns selbst und die anderen kennen, so würden wir dieser Neigung unseres Willens nicht nachgeben. Wir kommen aber mit dieser Neigung auf die Welt; wir werden also ungerecht geboren. Denn alles strebt zu sich selbst. Das ist gegen jede Ordnung: man muß zum Allgemeinen streben, und der Hang zu sich selbst ist der Anfang aller Unordnung, im Kriege, in der Politik, in der Wirtschaft, im eigenen Leib des Menschen. Der Wille ist also verderbt.

Wenn die Glieder der natürlichen und politischen Gemeinschaften zum Wohl der Gesamtheit streben, dann müssen die Gemeinschaften selbst eine andere, allgemeinere Gemeinschaft erstreben, deren Glieder sie sind. Man muß also zum Allgemeinen streben. Wir werden also ungerecht und verderbt geboren.

494 Die wahre Religion sollte Größe und Elend lehren, den Menschen zu Achtung und Verachtung seiner selbst anleiten, zu Liebe und Haß.

510 Der Mensch ist Gottes nicht würdig, aber er ist nicht unfähig, diese Würde zu empfangen.

Gottes ist es nicht würdig, sich mit dem armseligen Menschen zu verbinden; aber Gottes ist es nicht unwürdig, ihn aus seinem Elend zu ziehen.

548 Nicht allein Gott erkennen wir nur durch Jesus Christus, sondern wir erkennen auch uns nur durch Jesus Christus. Wir erkennen das Leben und den Tod nur durch Jesus Christus. Ohne Jesus Christus wissen wir nicht, was unser Leben, noch was unser Tod ist, was Gott, noch was wir selbst sind.

So erkennen wir nichts ohne die Schrift, die nur Jesus Christus zum Gegenstand hat, und wir sehen nur Dunkelheit und Verworrenheit in Gottes und in unserer eigenen Natur.

550 Ich liebe die Armut, weil Er sie geliebt hat. Ich liebe die irdischen Güter, weil sie mir die Möglichkeit geben, damit die Armen zu unterstützen. Jedem Menschen halte ich die Treue; ich zahle das Böse denen nicht zurück, die mir Böses antun; aber ich wünsche ihnen ein Leben, das meinem Leben gleicht, wo man weder Böses noch Gutes von den Menschen empfängt. Ich bemühe mich, allen Menschen gegenüber gerecht, wahrhaftig, aufrichtig und treu zu sein; und ich empfinde herzliche Zuneigung für die, mit denen mich Gott enger verbunden hat; ob ich allein bin oder im Blickfeld der Menschen, in allem, was ich tue, schaue ich auf Gott, der es beurteilen soll und dem all mein Tun gehört.

Das sind meine Empfindungen, und jeden Tag meines Lebens preise ich meinen Erlöser, der sie

[550/2] in mir angelegt hat und der aus einem Menschen voller Schwächen, Armseligkeit, Begierden, Stolz und Ehrgeiz einen Menschen gemacht hat, der von diesen Übeln durch die Kraft seiner Gnade erlöst wurde, welcher dafür alle Ehre gebührt, da ich bei mir nur Armseligkeit und Irrtum finde.

556 (...) Der Gott der Christen ist nicht ein Gott, der einfach Urheber der mathematischen Wahrheiten und der Ordnung der Elemente ist; das ist die Anschauung der Heiden und der Epikureer. Er ist nicht nur ein Gott, der seine Vorsehung über dem Leben und den Gütern der Menschen walten läßt, um denen, die ihn anbeten, eine glückliche Reihe von Jahren zu schenken; das ist die Anschauung der Juden. Aber der Gott Abrahams, der Gott Isaaks, der Gott Jakobs, der Gott der Christen ist ein Gott der Liebe und des Trostes, er ist ein Gott, der Herz und Seele der Seinen erfüllt, er ist ein Gott, der sie in ihrem Herzen zugleich ihre Armseligkeit und sein unendliches Erbarmen erfahren läßt, der sich in der Tiefe ihrer selbst mit ihnen vereint, der sie mit Demut, Freude, Vertrauen und Liebe erfüllt; der sie unfähig macht, ein anderes Ziel als ihn selbst zu haben.

Alle, die Gott ohne Jesus Christus suchen und bei der Natur stehenbleiben, finden entweder keine Einsicht, die sie befriedigen könnte, oder sie schaf-

[556/2] fen sich schließlich eine Möglichkeit, Gott zu erkennen und ihm ohne einen Mittler zu dienen; und dadurch verfallen sie entweder dem Atheismus oder dem Deismus, welche die christliche Religion beide fast gleich stark verabscheut.

Ohne Jesus Christus würde die Welt keinen Bestand haben; denn sie müßte entweder zerstört werden oder wie eine Hölle sein.

Bestünde die Welt, um den Menschen über Gott zu belehren, so würde seine Gottheit unbestritten überall aus ihr hervorleuchten; da sie aber nur durch Jesus Christus und für Jesus Christus besteht sowie zur Belehrung der Menschen über ihre Verderbtheit und ihre Erlösung, erstrahlt in ihr alles von Beweisen für diese beiden Wahrheiten.

Was in ihr offenbar ist, läßt weder eine vollkommene Abwesenheit noch eine eindeutige Anwesenheit der Gottheit erkennen, wohl aber die Gegenwart eines verborgenen Gottes. (...)

557 Es ist also wahr, daß alles den Menschen über sein Menschsein unterrichtet, aber er muß es recht verstehen: denn es ist nicht wahr, daß alles Gott offenbart; und es ist nicht wahr, daß alles Gott verbirgt. Aber es ist zugleich wahr, daß er sich vor denen verbirgt, die ihn versuchen, und sich denen offenbart, die ihn suchen, weil die Menschen zugleich Gottes unwürdig und Gottes fähig sind; unwürdig

[557/2] durch ihre Verderbtheit, fähig aber durch ihre erste Natur.

562 Es gibt nichts auf Erden, das nicht das Elend des Menschen oder Gottes Erbarmen anzeigt; entweder die Ohnmacht des Menschen ohne Gott oder die Macht des Menschen mit Gott.

586 Wenn es keine Dunkelheit gäbe, würde der Mensch seine Verderbtheit nicht erfahren; wenn es kein Licht gäbe, würde der Mensch nicht auf Heilung hoffen. So ist es nicht nur gerecht, sondern für uns auch nützlich, daß Gott zum Teil verborgen, zum Teil aber offenbar ist, da es ja für den Menschen in gleicher Weise gefährlich ist, Gott zu erkennen, ohne um seine Armseligkeit zu wissen, und seine Armseligkeit zu erkennen, ohne um Gott zu wissen.

693 Wenn ich die Blindheit und die Armseligkeit des Menschen sehe, wenn ich betrachte, wie das ganze Weltall stumm ist und der Mensch ohne Einsicht, sich selbst überlassen und wie ein Verirrter in diesem Winkel des Weltalls, ohne zu wissen, wer ihn dorthin verwiesen hat, was er dort tun soll, was aus ihm werden soll, wenn er stirbt, zu jeder Erkenntnis unfähig, dann überkommt mich ein Schauder wie einen Menschen, den man schlafend auf eine verlassene und schreckliche Insel gebracht hätte und der

[693/2] erwacht wäre, ohne zu wissen, wo er sich befindet, und ohne jede Möglichkeit, sie zu verlassen. Und dann wundere ich mich, wie man nicht über einen so armseligen Zustand in Verzweiflung gerät. In meiner Nähe sehe ich andere Menschen, deren Natur der meinen gleicht: ich frage sie, ob sie genauere Weisung als ich erhalten haben; sie sagen mir: nein. Und daraufhin haben sich diese armseligen Verirrten umgeschaut, einige angenehme Dinge entdeckt, sich ihnen hingegeben und sich an sie gehängt. Ich konnte mich meinerseits nicht daran binden; und wenn ich erwäge, wie sehr der Anschein dafür spricht, daß es noch etwas anderes gibt als das, was ich sehe, habe ich gesucht, ob dieser Gott nicht ein Zeichen von sich hinterlassen habe.

Ich sehe mehrere Religionen, die sich einander widersprechen und mit Ausnahme einer einzigen demnach alle falsch sein müssen. Jede erwartet, daß man ihr auf Grund ihrer eigenen Autorität glaubt, und jede bedroht die Ungläubigen. Ich glaube daraufhin nicht an sie. Jeder kann das sagen, und jeder kann von sich sagen, er sei ein Prophet. Aber ich sehe die christliche Religion, wo es Prophezeiungen gibt, und das vermag nicht jeder zu tun.

793 Der unendliche Abstand des Irdischen von den Geistern ist ein Bild für den unendlich unendlicheren Abstand der Geister von der Liebe; denn diese ist übernatürlich.

[793/2] Alle Pracht irdischer Größe hat keinen Glanz für die Menschen, die auf der Suche nach dem Geist sind.

Die Größe der Menschen des Geistes ist unsichtbar für die Könige, für die Reichen, für die Feldherren, für alle, die in der menschlichen Welt groß sind.

Die Größe der Weisheit, die nur von Gott her groß ist, ist für die Menschen der irdischen Ordnung und für die Menschen des Geistes unsichtbar. Das sind drei Ordnungen verschiedener Art.

Die großen Geister der Menschheit haben ihr Reich, ihre Pracht, ihre Größe, ihren Sieg, ihren Glanz und bedürfen überhaupt nicht der irdischen Größe, mit der sie nichts gemeinsam haben. Sie sind nicht für die Augen, sondern für die Geister sichtbar; das genügt.

Die Heiligen haben ihr Reich, ihre Pracht, ihren Sieg, ihren Glanz, und sie bedürfen weder der irdischen noch der geistigen Größe, mit der sie nichts gemeinsam haben; denn sie fügt ihnen nichts hinzu und nimmt ihnen auch nichts. Sie sind für Gott und für die Engel sichtbar, nicht aber für die irdische Welt oder für die neugierigen Geister: Gott genügt ihnen.

Archimedes würde auch ohne äußere Pracht die gleiche Verehrung genießen. Er hat keine sichtbaren Schlachten geschlagen, aber allen Geistern hat er seine Erfindungen geschenkt. Wie hell hat er doch für die Geister geglänzt!

[793/3] Jesus Christus, ohne Besitz und ohne wissenschaftliche Leistung für die Welt, steht in der Ordnung der Heiligkeit. Er hat keine Erfindung gemacht, er hat auch nicht regiert; aber er war demütig, geduldig, heilig, heilig vor Gott, schrecklich für die Dämonen, ohne eine Sünde. In welcher gewaltigen Pracht und in welch wunderbarer Herrlichkeit ist er doch für die Augen des Herzens gekommen, die die Weisheit schauen!

Es wäre für Archimedes zwecklos gewesen, in seinen mathematischen Büchern den Fürsten zu spielen, obgleich er es war.

Es wäre für unseren Herrn Jesus Christus zwecklos gewesen, als König zu kommen, um in seinem Reich der Heiligkeit zu glänzen; aber er ist durchaus mit dem Glanz seiner Ordnung dort eingezogen.

Es ist recht lächerlich, an der Niedrigkeit Jesu Christi Anstoß zu nehmen, wie wenn diese Niedrigkeit von der gleichen Ordnung wäre wie die Größe, die zu offenbaren er kam. Man betrachte diese Größe in seinem Leben, in seinem Leiden, in seiner Verborgenheit, in seinem Tod, in der Erwählung der Seinen, in ihrer Verlassenheit, in seiner geheimen Auferstehung und in allem übrigen; man wird sie so groß erleben, daß man keinen Anlaß hat, an seiner Niedrigkeit Anstoß zu nehmen, die es da nicht gibt.

Aber es gibt Menschen, die nur die irdische

[793/4] Größe bewundern können, wie wenn es keine geistige Größe gäbe; und andere, die nur die geistige Größe bewundern, wie wenn es nicht eine unendlich höhere im Reich der Weisheit gäbe.

Alles Irdische, das Firmament, die Sterne, die Erde und ihre Reiche kommen an Wert nicht an den geringsten der Geister heran; denn dieser kennt das alles und sich selbst; das Irdische dagegen weiß nichts davon.

Alles Irdische zusammen und alle Geister zusammen und alle ihre Werke kommen an Wert nicht an die geringste Regung der Liebe heran. Das gehört in eine unendlich höhere Ordnung.

Aus allem Irdischen zusammen kann man nicht den geringsten Gedanken hervorholen: das ist unmöglich und gehört einer anderen Ordnung an. Von allem Irdischen und allen Geistern kann man keine Regung wahrer Liebe ableiten; das ist unmöglich und gehört einer anderen Ordnung an, der übernatürlichen.

Nachwort von Fritz Paepcke*

I

Mit dem Universalverfahren, der Verstand *(raison; bon sens)* sei die allen Menschen gemeinsame Erkenntnisfähigkeit, hatte René Descartes (1596–1650) die Trennung von Subjekt *(res cogitans)* und Objekt *(res extensa)* vorgenommen. Er hatte die sichtbare Welt als eine entseelte aus der *res cogitans* wiederaufzubauen versucht, und die Gesetze der mathematischen Naturwissenschaft sollten allein in Denkgesetzen ihren hinreichenden Grund haben. Zugleich damit verbunden ist bis heute die methodologische Auseinandersetzung der Wissenschaften zwischen den mathematisch orientierten Naturwissenschaften und den historisch ausgerichteten Geisteswissenschaften sowie die prinzipielle Unterscheidung zwischen dem seiner selbst bewußten Menschen und der nichts von sich selbst wissenden Natur. Damit hatte Descartes den Gedanken von der Entwicklung der Gattungen und Arten *in* der Natur sowie den Wandel der historischen Bedingtheit allen menschlichen Denkens dem Gang der

* Pascals Funktion in der Entwicklung menschlichen Denkens und Glaubens habe ich dargestellt in: Fritz Paepcke, *Blaise Pascal* (in: *Die Wahrheit der Ketzer.* Herausgegeben von Hans Jürgen Schultz. Kreuz-Verlag, Stuttgart/Berlin. 1968, 375 Seiten. S. 128 bis 137. Mit Texten: S. 310–321).

neuzeitlichen Wissenschaft entzogen, und die Auffassung von der Zeit als zeitloser *veritas aeterna* hatte in Unterscheidung zu der neuzeitlichen Auffassung von der Zeit, die dem Wechsel und den Veränderungen in der Natur unterliegt, das Problem der Metaphysik nicht bewältigt.

II

Blaise Pascal (1623–1662) betrieb Forschung aus Leidenschaft: er war Mathematiker und gehörte zu den bahnbrechenden Physikern der Neuzeit. Als Sechzehnjähriger hatte er bereits eine Abhandlung über die Kegelschnitte verfaßt. Auf ihn geht die Entdeckung der Hydrostatik zurück. Er wies experimentell nach, daß es in der Natur den leeren Raum gibt und dieser sogar hergestellt werden kann. Damit brach die Theorie vom *horror vacui* zusammen, welche noch auf die Autorität des Aristoteles zurückging. Pascal erfand auch die erste brauchbare Rechenmaschine und betätigte sich als Ingenieur, um das Modell allmählich zu verbessern. Und wenn Leibniz die Infinitesimalrechnung systematisch aufgebaut hat, so beginnen doch wesentliche Grundlagen dieser mathematischen Disziplin bereits mit Pascal.

Pascals Wissenschaft ist Erforschung der Wirklichkeit. Diese Wirklichkeit bewältigt er mit der jeweils notwendigen Methode. Denn jedem Gegenstand entspricht eine ihm zugeordnete Methode, und nur die jeweils angemessene Methode führt an den Gegenstand heran.

Als Mensch der beginnenden Neuzeit hat Pascal an dieser Methodenfrage lebhaften Anteil genommen. So griff er auch in die Diskussion seiner Zeitgenossen ein, ob in der Naturforschung die Autorität der Antike den Ausschlag zu geben habe oder das Experiment, welches das denkerische Bemühen unterstützt. Pascal hat die grundsätzliche Bedeutung des Experiments (lat. *experiri*, versuchen, erproben, erfahren) damit als einer der ersten erkannt. Entschlossen hat er sich in der Beobachtung der Natur auf die Seite der Anhänger des experimentellen Wissens gestellt. Doch im Bereich der Natur ließ er nichts gelten, was sich den Gesetzen der Natur entzieht, andererseits hat er der Natur nichts gegeben, was ausschließlich in den Gesetzen des Denkens seinen Grund hat.

Bei der Erfindung der Rechenmaschine beschäftigte ihn die Grundfrage des modernen Technikers: wie kann der Mensch den geistigen Vorgang mathematischer Grundoperationen auf etwas Mechanisches übertragen, und wie muß eine Maschine gebaut sein, um einen solchen Vorgang nutzbar zu machen? Oder es interessiert ihn bei der Infinitesimalrechnung der Begriff des unendlich Kleinen und des unendlich Großen, der weit über die mathematische Fragestellung hinaus für sein Denken menschlich bedeutsam geworden ist. Pascal hat damit den Gedanken vorweggenommen, daß die Hochstilisierung der sachorientierten Methode zur reinen Theorie die Unfähigkeit des Menschen zur Reflexion über die Grenzen und Möglichkeiten der Methoden und zugleich auch die Unfähigkeit des Menschen zur Reflexion überhaupt deutlich werden läßt. Das ist überall dort erkennbar, wo der Mensch im Wissen um die methodische Regel, die zu jeder Theorie gehört, nicht mehr die Anwendung solcher Regeln findet, weil die Anwendung der Regel keine Regel hat.

Blaise Pascal hat die Größe des experimentellen Forschens ausgekostet. Dabei ist es ihm nicht entgangen, daß der Weltentzug, der bei Descartes zur Selbstgewißheit des Denkens gehört, nicht etwa zur entgegengesetzten Position der Weltreferenz, sondern zum Gegenüber von Mensch und Natur führen muß. Da machte er im Kreise angesehener Damen und Herren der adligen Großstadtgesellschaft die Erfahrung, daß Menschen nicht etwa erkannt werden können wie Naturgesetze, sondern als lebendige Personen wertend und wägend verstanden werden müssen. Denn auch der Kenntnis des Menschen ist eine bestimmte Methode zugeordnet. In der gleichen Weise, wie Pascal die Natur aus dem ausschließlichen Bestimmungsgrund der mathematischen Methode entlassen hat, entdeckte er andererseits, daß das Ich des Menschen nicht logisch außerhalb der Zeit steht, sondern selbst als Natur erscheint und in den Horizont der Zeit zurückgeholt werden muß. Und in den Pariser Kreisen begegnete er nicht allein dem begrifflich planenden Wissenschaftler, sondern vorzugsweise dem *honnête homme* als Edelmann und Künstler des Lebens. Im Umgang mit diesen Menschen weitete sich sein Geist. Durch die Steigerung einer solchen menschlichen Seinsqualität wurden seine gesellschaftlichen Formen fein und geschliffen, sein Gebaren paßte sich diesen Adligen an, die weltoffen und zart das Leben genießen, ohne sich inmitten aller gesellschaftlichen Abenteuer Gedanken über Gott und das menschliche Heil zu machen.

Pascal besitzt ein Erfahrungsorgan von herrlicher Breite. Mit diesem Organ nimmt er die Wirklichkeit an, die ihm in Wissenschaft und Gesellschaft sowie im Umgang mit Menschen begegnet, und er erfaßt sie immer nur mit der Methode, die ihm von der Wirklichkeit selbst vorgeschrieben wird. Pascal ist ein Mensch, der nur von der Erfahrung her leben kann, und es konnte nicht ausbleiben, daß er auf diese Weise auch seinen Zugang zum Religiösen fand. Die Familie Pascal gehörte zu den Freunden der jansenistischen Reformbewegung, die in dem unweit von Versailles gelegenen Nonnenkloster von Port-Royal maßgebend geworden war. Dieser Jansenismus ist der Vorstoß christlichen Ernstes in einer Zeit welthaft geregelter Kirchlichkeit. Er verbindet einen ausgeprägten Individualismus mit der strengen Auffassung, daß der Mensch zum Heil oder zur Verdammnis vorherbestimmt ist. Daher setzen die Anhänger auch nur ein sehr geringes Vertrauen auf die Freiheit des menschlichen Willens. Zwar bleibt die Kirche für sie Trägerin der Offenbarung und der religiösen Autorität, aber sie reduzieren die Kirche auf ausschließliche Gnadenwirksamkeit.

Pascals erste Begegnung mit dem Jansenismus geht

bereits auf das Jahr 1646 zurück. Sie führt ihn zu einer vertieften Auffassung vom Leben, aber noch nicht zu einer umgreifenden religiösen Erfahrung. Diese ereignet sich erst in der Weise einer Erschütterung, bei der für Pascal das philosophische Postulat eines absoluten Gottes zerbricht. Pascal erfährt den Gott der Gnade, der lebendig ist, der sich durch die Mittler des Alten Bundes in die menschliche Geschichte hineinbegeben hat und den Menschen endgültig durch Jesus Christus vertraut geworden ist. *Dieu d'Abraham, Dieu d'Isaac, Dieu de Jacob, non des philosophes et des savants. Certitude. Certitude. Sentiment. Joie. Paix. Dieu de Jésus-Christ*, so beginnt das Dokument (*Mémorial*), mit dem Pascal in glutvoll hingeschleuderten Worten die mystische Erfahrung der Nacht vom 23./24. November 1654 festgehalten hat. Diese Erfahrung ist für ihn bis zu seinem Tode bestimmend geblieben, ohne daß er nachgelassen hat, die Probleme seiner wissenschaftlichen Forschungen weiterzudenken. Aber seit dieser Epiphanie kann der Gott der christlichen Offenbarung für Pascal nicht mehr definiert werden wie ein Begriff; er hat ihn in Demut und Gehorsam erfahren in der Person Jesu Christi, der wie ein Mensch gelebt hat, am Kreuz gestorben ist, vom Vater auferweckt wurde, zum Himmel aufgefahren ist, zur Rechten des Vaters erhöht wurde und zum Gericht der Lebenden und der Toten wiederkommen wird. Mit diesem Gott gibt es eine Begegnung, während sich der «Gott der Philosophen und der Gelehrten» letztlich nur im Begriff fassen läßt. Pascal ist sich also darüber im klaren, daß nicht die Welt, sondern nur Gott, der selbst die Liebe ist, und der in ihm zu liebende Mitmensch liebenswert sind. Damit hat er nicht ein kosmologisches Weltbild verankert, sondern die Möglichkeiten und Grenzen eines christlich-anthropologischen für sein Denken aufgewiesen.

III

Die vollständige Ausgabe der Werke von Blaise Pascal enthält mathematisch-physikalische und anthropologische Abhandlungen, Briefe an Zeitgenossen, Wiedergabe von Gesprächen, religiöse Betrachtungen sowie die achtzehn *Lettres provinciales*. In diesen streitbaren Briefen an einen Provinzbewohner verteidigt Pascal die jansenistische Gnadenlehre gegen die damalige Jesuitentheologie. Mit achtzehn französisch abgefaßten Briefen bringt er erstmalig eine theologische Auseinandersetzung in den Raum der Öffentlichkeit; so bewirken diese Briefe, daß nicht die jesuitische Moralstrategie, sondern die bereits geschlagene Sache des Jansenismus (Bulle «Ad Sacram» Alexanders VII., 1656) eine geistig-religiöse Macht erster Ordnung wurde.

Pascal hat außerdem fragmentarische Aufzeichnungen hinterlassen, die erst nach seinem Tode veröffentlicht wurden (1670). In der Weltliteratur sind sie unter dem Namen *Pensées* bekannt geworden. Diese Gedanken über den Menschen sind eine der großen Hinterlassenschaften des klassischen Zeitalters der französischen Literatur. Oft abgrundtief und vielfach schwer verständlich, gehören sie zu den wenigen entscheidenden Büchern, aus denen der Mensch seine Würde und seine Bestimmung herauslesen kann. Pascals Gedanken entwickeln kein geschlossenes System; sie müssen als Bruchstücke einer geplanten, aber nicht verwirklichten Apologie der christlichen Existenz des Menschen verstanden werden.

IV

In den *Pensées* werden menschliche Erfahrungen zu Gegenständen einer kritischen Betrachtung, so daß die 924 Fragmente (Ausgabe Brunschvicg) zu einer Grundlagenbestimmung des Menschen führen. Der Leser dieser *Pensées* ist allein vom Interesse bestimmt. Wer dagegen diese *Pensées* vorstellt, hat sich über die Grundsätze, die ihn bei der Auswahl geleitet haben, in unmittelbarer Formulierung Klarheit zu verschaffen. Bleibt auch das Bild uneinheitlich, so ist es doch Ausdruck und Symptom einer Unsicherheit, die die Unsicherheit des kritischen Urteils bei Pascal selbst spiegelt: *Ecrire contre ceux qui approfondissent trop les sciences. Descartes* (Frg. 76: «Gegen jene schreiben, die in die Wissenschaften allzu tief eindringen. Descartes»). Damit stellt Pascal sich Fragen, die die Dogmatik des Programmatischen vermeiden. Sein Ziel sieht er einzig und allein darin, die Schwebe des Urteilens und des Entscheidens so weit wie möglich offenzuhalten, und dem Menschen, der ihm begegnet, zwangsläufig etwas schuldig zu bleiben. Bei diesem Verfahren wird Pascals einzigartige Bedeutung als Anthropologe besonders erkennbar, wenn er die Axiome der Mathematik ins Menschliche überträgt oder wenn er die Bereiche der Sinne, des Geistes und der Liebe abgrenzt (Frg. 793), welche zugleich Rangstufen und Ordnungen der methodischen Forschung, des mitmenschlichen Umgangs und der Gnadenordnung angeben, in denen sich die Existenz des Menschen vollendet.

Pascal hat Descartes abgelöst. Aus dem Zweifel an aller Wissenschaft war Descartes in seinem Konzept zu der Überzeugung gelangt, daß es außerhalb der Mathematik keine zuverlässige Erkenntnis geben könne. Diesen Grundgedanken hat Pascal nicht zerstört; er hat ihn weitergeführt und zu Ende gedacht. Pascal ist auf solche Weise die Amplitude des Descartes geworden. Wenn J.W. Goethe die Verknüpfung des Universellen mit der Konkretisierung des Besonderen in die Worte faßt: «Darum fallen das Allgemeine und das Besondere zusammen: das Besondere ist das Allgemeine, unter verschiedenen Bedingungen erscheinend» (*Maximen und Reflexionen*, 569), dann macht Pascal die Entdeckung, daß es einen doppelten Aspekt von *esprit* gibt (Frg. 1), weil das Allgemeine und das Einmalige miteinander verknüpft sind. Das Allgemeine erscheint am deutlichsten in den leblosen Dingen, das Individuelle dagegen im Menschen. Dementsprechend gibt es für ihn den *esprit de géométrie* als Verstandeskraft des methodischen Denkens der *raison*, dessen Regeln das deduktive Verfahren der nomologischen Wissenschaften bestimmen und das mit kunstvoll gebauten Folgerungen beweisend und erklärend aus einem bereits vorliegenden Grundsatz ein Ergebnis mit dem Anspruch allgemeiner Gültigkeit ableitet (Frg. 1: *démontrer par ordre*). Dem *esprit de géométrie* steht der *esprit de finesse* gegenüber. *Finesse* ist intuitiv-spontanes Erkennen des *cœur*, apriorische Evidenz, Geist der Erfahrung als heuristisches Vorgehen des *sentiment*, das den Gegenstand als Ganzes in der unabschließbaren Mannigfaltigkeit wechselnder Aspekte erfaßt (Frg. 1: *voir la chose d'un seul regard*). *Finesse* ist auf Begreifen hingeordnete Wahrnehmung, synthetische Kraft des Vorreflexiven und Vorsprachlichen sowie der Blick des Menschen, der nicht starr fixiert ist, sondern eine Streuung hat. Dieser *esprit de finesse* sichert die Grundlagen der Erkenntnis, führt jedoch nicht zu mathematischer Begrifflichkeit, sondern entdeckt den Glanz des Individuellen.

Den *esprit de finesse* fand Pascal bei den *libertins*, den Vertretern der Hof- und Salonkreise, sowie bei dem *honnête homme*. Der *honnête homme* (Frg. 35) ist das Leitbild der damaligen Gesellschaft. Gebildete Natürlichkeit und zwangloser Anstand vereinen sich bei ihm zum Künstlertum des Lebens. Dabei ist die Sittlichkeit des *honnête homme* nicht religiös orientiert; er findet vielmehr in der Einheit von stoischer Unabhängigkeit und epikureischem Lebensgenuß einen ethischen Ersatz für die damals staatlich geförderte Ausübung der Religion. In dem *honnête homme* stellt sich die liebenswürdigste Form des *Ancien Régime* dar, weil er ein kostbar empfundenes Leben menschlich-maßvoll ausleben will und durch diesen Lebensstil den *esprit frondeur* des politisch unzufriedenen Adels überwindet. So kam Pascal von Descartes her, um bei den fragend-zweifelnden Ich- und Weltbetrachtungen des Humanisten Michel de Montaigne (1533–1592) Einkehr zu halten, dessen Hauptwerk (*Les Essais*) für den Libertin zu einer besonderen Autorität geworden war.

Pascal hat die Vernunft (frz. *raison*) als das Große im Menschen herausgestellt (Frg. 146; 346). Er hat auch den Gedanken von der herrlichen Kraft des Verstandes gedacht, dessen Armut sich im Gegensatz zum Reichtum des menschlichen Herzens (Frg. 272; 274; 347) befindet. Berühmt ist sein Wort vom Herzen, das «seine Gegengründe hat, welche die Vernunft nicht kennt» (Frg. 277). In dieser Aussage hat Pascal selbst das Wort von der Logik des Herzens begründet. Er sagt, daß das Herz den Verstand übermächtigt; denn das Herz leitet auch den Verstand, aber es entwaffnet ihn nicht. Das Herz hat damit selbst eine Logik, die in der Liebe eingewurzelt ist. Herz ist bei Pascal Geist, der nicht nur strahlt, sondern glüht. Dieses Herz nennt Pascal *cœur*, wie es in Weiterführung paulinischer Gedanken bei Augustinus *cor inquietum* und bei Dante *cor gentile* heißt. Auch wenn Pascal neben *cœur* den Begriff der Erfahrung (*sentiment*) verwendet, meint er damit weder etwas Sinnliches noch etwas Emotionales, sondern das wertfühlende Herz als geistiges Erkenntnisorgan (Frg. 282). Er will damit sagen, daß die Vernunft nicht autonom ist und der Mensch in der Einheit von *raison* und *cœur* den Weg der Erfahrung geht und in dieser Einheit zur Erkenntnis gelangt.

V

Cœur erscheint bei Pascal als dritter Begriff neben *raison* und *volonté*. *Raison* und *volonté* (dt. Wille), so sagt Pascal in Abgrenzung zu Descartes in seiner Lehre über das Herz, haben zunächst im *sentiment* ihren Gefühls- und Erfahrungsgrund als jenem mütterlichen Schoß, aus dem Erkenntnis und Wille geboren werden. Aus diesem vorreflexiven Grund des *sentiment* werden *raison* und *volonté* gleichsam ausgetragen, um im *cœur* als gestalteter Erfahrungseinheit wieder zusammengefaßt zu werden. So besitzt die Erfahrungsganzheit des *cœur* in der Einheit das, was *raison* und *volonté* jeweils nur in der Vereinzelung besitzen können. Im Herzen sind Vernunft und Wille in einer Weise geborgen und erfüllt, daß das *cœur* jene Einheit ist, die von der *raison* gelichtet und von der *volonté* ausgerichtet ist.

Die Lehre vom menschlichen Herzen steht im Mittelpunkt des Pascalschen Menschenbildes. Vom Hintergrund dieser Lehre her wird alles verständlich, was Pascal über die Vernunft, das Herz und Gott gedacht hat.

Denn von der gelichteten und gerichteten Erfahrungseinheit des Herzens sagt Pascal, daß das *cœur* auch Gott erkennen kann: *C'est le cœur qui sent Dieu, et non la raison. Voilà ce que c'est que la foi, Dieu sensible au cœur, non à la raison* (Frg. 278). Hier ist das Herz jener Ort der personalen Mitte des Menschen, in der auch der Glaube aufleuchtet, und dieses Herz ist wie ein Spiegel, in dem sich Gottes Herrlichkeit bricht.

Pascal sieht im Menschen nichts Ideales, sondern etwas Ungereimtes (Frg. 72). Seinem Wesen nach ist der Mensch für Pascal ein Geschöpf des Widerspruchs (Frg. 434). Die wahre *condition humaine* als jene ausgesetzte, ungeschützte Weltlichkeit, in der der Mensch nun einmal Mensch ist, bestimmt auch Pascals Denken. Dieses Denken ist durch das Gesetz der polaren Spannung bestimmt und vollzieht sich sprachlich in paradoxen Aussagen. So gehören zu der individuellen Konstellation des Menschen Höhe und Tiefe, Adel und Verächtlichkeit, Größe und Elend. Das Grundgesetz der Verspannung von Größe und Elend im Menschen umreißt sein Menschsein und bestimmt seine Existenz (Frg. 409).

VI

In Pascals Menschenbild lassen sich verschiedene Schwerpunkte erkennen. Der erste liegt in der Mitte zwischen dem Unendlichen (frz. *infini; tout*) und dem

Nichts (frz. *néant; rien*). Für Pascal (Frg. 72) nehmen die Dinge teil an dem unendlich Großen und dem unendlich Kleinen; und indem Pascal den Begriff der quantitativen Unendlichkeit auch qualitativ versteht, hat er sich in dem Begriffspaar Unendlich-Nichts ein erstes Formalprinzip zur Bestimmung des menschlichen Standorts aufgebaut. Der Mensch weiß um das Unendliche und um das Nichts, obwohl er weder das eine noch das andere erkennen kann. Das Verhältnis des Menschen zum Unendlichen und zum Nichts ist damit Beziehung durch Teilhabe. Das Unendliche und das Nichts sind für Pascal Grenzbegriffe, mit denen er in dem Fragment 72 geradezu verschwenderisch umgeht und die er zueinander in Relation setzt. Wie das unendlich Kleine auf das Nichts zugeht, so wird das unendlich Große von dem All umfaßt. Der Mensch steht dazwischen (Frg. 72: *un milieu entre rien et tout; ... nous voguons sur un milieu vaste, toujours incertains et flottants, poussés d'un bout vers l'autre*). Der Mensch ist also dadurch Mensch, daß seine eigene Endlichkeit inmitten der Unendlichkeit steht. In diesem Schwebezustand erfährt der Mensch sein «Mißverhältnis» oder seine «Ungereimtheit», die bei Pascal *disproportion* heißt. Mit dem Gedanken von der schwebenden Existenz des Menschen steht Pascal wiederum in der Nähe von Montaigne, der dem Menschen erzählt, wie er ist, und nicht, wie er sein sollte. Aber Montaigne (*Essais*, I. 1) mit seiner beweglichen Seele (*subject ... divers et ondoyant*) gehört zu jenen Franzosen, die weit mehr die Fläche als die Tiefe lieben, die über die Tiefe der Dinge mit einer verfeinerten, sehr bewußten Oberflächlichkeit hinwegspielen; Pascals Strukturprinzip kommt dagegen von mathematischen Einsichten her, welche die ironische Skepsis Montaignes aufnehmen und vertiefen.

Der zweite Schwerpunkt liegt in dem ethischen Begriff der werterfüllten Mitte: der Mensch ist dadurch Mensch, daß er trotz entgegengesetzter Neigungen die rechte Mitte hält. Denn wenn er aus der Mitte heraustritt, gibt er sein Menschsein auf (Frg. 378: *C'est sortir de l'humanité que de sortir du milieu*). Diese Mitte ist nicht Mittelmäßigkeit. Mitte heißt bei Pascal, daß der Mensch die Gefahr des Extremen erkennt (Frg. 353). Pascal will dem Menschen zeigen, wie er von allen Affekten und Gemütsbewegungen herausgefordert wird und die Mitte nur dadurch trifft, daß er in der komplexen Fülle des Lebens den Weg der Mitte wirklich geht. Wer die Mitte dann sucht, muß für beide Seiten aufgeschlossen sein: der Tapfere muß einen Sinn haben für die Werte der Vorsicht und des Draufgängertums, damit die Klarheit der Tapferkeit wirklich in einer Sinnmitte liegt, welche um die Fülle der Vorsicht und des Draufgängertums weiß. Mit der Mitte gewinnt der Mensch bei Pascal nicht etwa einen punktuellen Standort, sondern den weiten Spielraum der freien Entscheidung; erst wenn er diesen Raum auszufüllen vermag, überwindet er die ständige Gefahr des ethischen Rigorismus und erreicht dadurch seine sittliche Größe.

Mit dieser Auffassung bleibt Pascal in einer abendländischen Tradition, die mit Aristoteles beginnt und im *honnête homme* des 17. Jahrhunderts ihr menschliches Leitbild findet. Die Spannungen, die sich für den Menschen als Wesen der Mitte ergeben, liegen zwischen der Größe, die sich im Denken zeigt (Frg. 346), und dem Elend der menschlichen Lebensbedingung mit der unaufhebbaren Hilflosigkeit des Menschen: «Die Größe des Menschen ist darin groß, daß er sich als elend erkennt» (Frg. 397). Oder es wird von dem Menschen gesagt, er gleiche «einem Schilfrohr, das denkt» (Frg. 347: *un roseau pensant*), er sei wie «ein entthronter König» (Frg. 409: *un roi dépossédé*), sein Menschsein zeige sich darin, daß er «weder Engel noch Tier» sei (Frg. 140: *il est ni ange ni bête, mais homme;* Frg. 358; 418). Die Erfahrung der menschlichen Hilflosigkeit hat Pascal dazu geführt, in der Selbstbezogenheit (Frg. 100: *amour-propre*) und in der Eitelkeit (Frg. 150; 162: *vanité*), im Stolz (Frg. 152: *orgueil*), in der Launenhaftigkeit (Frg. 162: *un je ne sais quoi*), im Geltungsdrang (Frg. 404: *recherche de la gloire*), im expansiven, nicht auf sich selbst bezogenen Tun (Frg. 139: *divertissement*) und in der Langeweile (Frg. 131: *ennui*) Existentiale des menschlichen Elends zu erkennen, die er die «Mächte des Irrtums» nennt.

Mit besonderer Dringlichkeit zeigt Pascal die Elendssituation des Menschen an der in den Rechtsschein nach Thomas Hobbes gekleideten Macht auf (Frg. 298). Er zeigt, wie das Recht in der Verwaltung des Menschen zu einer Funktion der Macht wird und wie das Bild von Gerechtigkeit und Macht nicht stimmt, wenn es in die Widersprüchlichkeit von Größe und Elend gerät. Schließlich findet die Fragwürdigkeit des Menschseins ihren leidenschaftlichsten Ausdruck in dem Ausruf: «Was für eine Chimäre ist doch der Mensch? Welche Sensation, welches Ungeheuer, welches Chaos, welches Ding des Widerspruchs, welches Wunder! Richter aller Dinge, einfältiger Erdenwurm; Hüter des Wahren, Kloake der Ungewißheit und des Irrtums; Glanz und Auswurf des Weltalls» (Frg. 434).

Diesen Widerspruch von Größe und Elend zeigt Pascal in «schwebenden Begriffen» (Hugo Friedrich) auf und löst ihn nicht begrifflich-metaphysisch, sondern biblisch-religiös. In Fortführung des Gedankens vom Menschen als einem «Ding des Widerspruchs» (Frg. 434: *sujet de contradiction*) weist Pascal auf den Menschen im paradiesischen Urzustand (Frg. 431) hin, dessen unversehrte Kreatürlichkeit durch die Erbsünde angeschlagen ist: «Der Knoten unseres Menschseins hat seine Krümmungen und Windungen in diesem Abgrund; so ist der Mensch ohne dieses Geheimnis unbegreiflicher, als dieses Geheimnis dem Menschen unbegreiflich ist» (Frg. 434). Mit einer solchen Aussage steht Pascal bereits in der Ordnung des Religiösen, die für ihn durch Jesus Christus erfahrene Wirklichkeit ist. Der menschgewordene Jesus Christus ist für Pascal der Mittler und die Mitte, in welcher der Gegensatz von Größe (Gnade) und Elend (Sünde) personal aufgehoben wird. Erst Christus ist die Entschleierung des Menschen, «der den Menschen unendlich übersteigt» (Frg. 434), und damit die Lösung des menschlichen Rätsels (Frg. 548). Christus ist Wirklichkeit der Mitte; er ist Erfüllungswirklichkeit mit dem Blick auf die Vergangenheit und Verheißungswirklichkeit für den Gang der Menschen durch die zukünftige Geschichte (Frg. 556). Gott selbst aber ist der Gott der Verborgenheit (Frg. 557), die nur an einer einzigen Stelle in Jesus Christus durchbrochen worden ist. Wie Gott im Zustand der Verborgenheit verbleibt, so ist auch der Mensch in Pascals Sicht ein Wesen, das über sich selbst keine letzte Auskunft geben kann, nachdem er sein paradiesisches Selbstverständnis verloren hat: der Mensch kommt nicht über seine Angeschlagenheit hinaus, obwohl sein Herz die Sehnsucht nach Vollendung in sich trägt (Frg. 425). So kann der Mensch nur in Jesus Christus gerechtfertigt sein, in dem Gottes Verborgenheit in die Sichtbarkeit der menschlichen Geschichte eingetreten ist.

In dem Gespräch mit einem Skeptiker (Frg. 233), das als «Argument der Wette» bekannt ist, hat Pascal aufgewiesen, wie der Mensch unter dem Vorzeichen lebt, daß es Gott entweder gibt oder nicht gibt. Pascal bewegt sich mit diesem Argument zunächst auf einer vollkommen unreligiösen Ebene. Dann aber verläßt er den Bereich des rein theoretischen Fragens, um in den praktisch-religiösen Bereich hinüberzuwechseln. Das zeigt sich auch in der sprachlichen Form. Es erscheinen bei diesem Wettspiel Begriffe wie *gain* (dt. Gewinn), *perte* (dt. Verlust), *gage* (dt. Einsatz, Risiko) oder *choix* (dt. Mut zur Entscheidung), die ein dogmatisierender Theoretiker niemals verwenden würde. Der Sprachform entspricht der Gedanke. Darum ist auch das Wagnis, von dem in diesem Fragment die Rede ist, nicht mehr allein theoretisch gemeint; dem Menschen soll die Entscheidung abverlangt werden, der sich der Skeptiker entziehen möchte: *il faut parier; cela n'est pas volontaire, vous êtes embarqué* (Frg. 233). Denn Gott selbst ist der Einsatz bei dieser Wette. Dieses Argument ist kein Gottesbeweis im dogmatischen Sinn; es ist ein existentielles Argument im Sinne einer pädagogischen Anleitung.

VII

Pascal hat alles, was hier nachgezeichnet wurde, in seinen *Pensées* ausgesprochen. Nimmt man die oft nur fragmentarisch vorhandenen Aussagen in ihrer sprachlichen Eigenart, so müssen sie als die Äußerungen eines Denkers verstanden werden, der illusionslos und ungehemmt nach dem Standort des Menschen gefragt hat. Pascal hat diese Frage mit solcher Ursprünglichkeit gestellt, daß für seine neuartigen Aussagen nicht immer ein adäquater sprachlicher Ausdruck bereitsteht. Die Sprache hat sich daher unter Pascals Hand oft in weitausladende Perioden geflüchtet, welche in immer neuen Ansätzen den Grundgedanken umspielen und ihn dadurch verständlicher werden lassen. Vor allem aber hat Pascal sich in der Stilfigur des Paradoxons eine Ausdrucksform geschaffen, mit der er sprachlich das bewältigt, was anders nicht gesagt werden kann. Die paradoxe Aussage steht für Pascal nicht im Dienst einer genauen, scharf geprägten und nüchternen Vorstellung, sondern sie beschreibt in anschaulich-eindrucksvoller Doppeldeutigkeit das Neuartige und das Unerwartete.

Es gehört daher zum Wesen dieser paradoxen Sprachform, daß das, was in sich nicht mehr eindeutig definiert werden kann, in einer Umschreibung wiedergegeben wird. Wortpaare wie *infini-néant, ange-bête, cœur-raison, grandeur-misère*, aber auch Wortbindungen wie *roi dépossédé* oder *roseau pensant* kennzeichnen Pascals Sprache im engeren Sinn. Solche Wortfiguren kreisen innerhalb eines Wortfeldes wie Trabanten um den Zentralbegriff *homme* oder *condition humaine*, indem sie durch die paradoxe Doppeldeutigkeit die Wesensbestimmung des Menschen in eine Bildbeschreibung kleiden. Das Wortfeld erweitert sich dabei zum Bildfeld, und die paradoxe Bildbeschreibung steht im Dienste des Pascalschen Denkens. Hier liegt ein unverwechselbares Kennzeichen der Pascalschen Sprache. Mit Hilfe dieses Paradoxons hat Pascal eine überkommene Vorstellung vom Menschen (*roi*: der Mensch ist ein regierender König), welche von der Allgemeinheit geteilt wird, in Widerspruch gesetzt zu einer Einsicht (*roi dépossédé:* der Mensch ist ein König, der seinen Thron verloren hat; Frg. 409), welche im Raum des Bildfeldes erst langsam durchbrechen muß. So läßt auch die sprachliche Form erkennen, daß Pascal kein geschlossenes System vom Menschen entwirft. Vielmehr liegt in dem Sprachmodell der paradoxen Darstellung eine Kraft der Überredung und Überzeugung, welche die Stellung des Menschen in einer labil-gleitenden Weise zwischen *grandeur* und *misère* aufzeigen will, und andererseits ist die Wirklichkeit des Pascalschen Menschenbildes bis in die sprachliche Formulierung hinein durchdacht und durchformt.

Pascals Bild vom Menschen hat drei Schwerpunkte: die Ungereimtheit (frz. *disproportion*), den Widerspruch (frz. *contradiction*) und Jesus Christus. Sie verweisen auf das Bild vom neuzeitlichen Menschen, der den Weg vom Wissen zum Glauben geht, nicht etwa auf das Bild des mittelalterlichen Menschen, der den Weg vom Glauben zum Wissen fand. Damit ist auch das Erkenntnisorgan des *cœur* die personale Mitte dieses Menschen, und es ist die Logik dieses Herzens, daß es die Ungereimtheit und den Widerspruch des menschlichen Lebens in Jesus Christus selbst auflösen kann. So vollzieht sich das Verhältnis des Menschen zu Gott nach dem «Konzept der verborgenen Führung des Menschen durch Gott» (Klaus Berger), womit gemeint ist, daß Gott *in* der Geschichte nur als deren Grund erfahren wird.

Editorische Notiz

Bei Pascal müssen die Mühen des philologischen Textverständnisses immer wieder neu vollzogen werden, um weitestgehende Treue zur französischen Textvorlage mit der unmittelbaren Sprachkraft im Deutschen zu verbinden. Wer Pascal übersetzt und damit den bereits vorhandenen Übertragungen eine neue hinzufügt, muß bereit sein, sich seinen Vorgängern anzuschließen, gleichzeitig aber in der Pascalschen Denk- und Sprachgestalt neue Maßstäbe entdecken wollen.

Die vorliegenden Fassungen sind nicht denkbar ohne die beiden Übersetzungen von Wolfgang Rüttenauer (Blaise Pascal: *Gedanken*. Dieterich'sche Verlagsbuchhandlung, Wiesbaden 1947) und Ewald Wasmuth (Blaise Pascal: *Über die Religion*. Verlag Lambert Schneider, Heidelberg 1954).

Die maßgebende Ausgabe des französischen Gesamtwerks von Blaise Pascal liegt in dem Sammelband *Œuvres complètes de Pascal*, Bibliothèque de la Pléiade nrf Editions Gallimard, 1954, vor. Für den vorliegenden Text wurde die Ausgabe von Léon Brunschvicg (Blaise Pascal: *Pensées et Opuscules*. Hachette, Paris 1953) zugrunde gelegt. Bei jedem Fragment ist die Nummer der Brunschvicg-Ausgabe angegeben. Notwendige Ergänzungen sind in eckige Klammern gesetzt. Um auf beschränktem Seitenraum eine möglichst breite Auswahl der Fragmente zu bieten, mußten einige Abschnitte gekürzt werden. Auslassungen im Text sind durch (…), fragmentarische Sätze des Originals durch … gekennzeichnet.